Geschichte
und Gestalt

Geschichte und Gestalt

Stätten und Zeugnisse christlichen Wirkens

CIVITAS DEI

Von der Kaiserkirche bis zu den Ablaßthesen

Herausgegeben von Gerhard Brendler, Katharina Flügel und Gert Wendelborn

Mit Fotografien von Klaus G. Beyer und Constantin Beyer

Union Verlag Berlin

Den Aufsatz
»Kirche in unserem
Geschichtsbewußtsein«
verfaßte
Prof. Dr. Gerhard Brendler.
Konzeption
und Zusammenstellung
des Bildteils besorgte
Dr. Katharina Flügel,
die auch die Einführungen
zu den sechs Kapiteln
dieses Teils
und die Bildtexte
schrieb.

ISBN 3-372-00086-2

Geleitwort
Von
Gerald Götting

Die sozialistische Gesellschaft ist traditionsbewußt. Sie stützt sich auf alles, was ihr frühere Generationen an humanistischen, progressiven Werten und Erfahrungen hinterlassen haben. Sie hat ein produktiv-kritisches Verhältnis zu allem, was die Geschichte hervorgebracht hat, also zum Erbe in seiner Gesamtheit. Ihr Umgang mit dem Erbe ist von der Achtung aller Kulturleistungen, von wacher Aufgeschlossenheit und ständig zunehmender Souveränität geprägt.

Diese Haltung zu den Überlieferungen der Vergangenheit trifft sich mit dem Bestreben von Christen, wertvolles Überkommenes zu bewahren und zu pflegen, für Gegenwart und Zukunft zu erschließen. Dem Katholizismus gilt neben der Heiligen Schrift bekanntlich die Tradition als gleichberechtigte Quelle kirchlicher Lehren und Gebräuche. Der Protestantismus weiß, wie wichtig es ist, die Glaubenserfahrungen früherer Geschlechter in sich aufzunehmen und zu verarbeiten. Den Anhängern aller christlichen Bekenntnisse ist die Ehrfurcht vor geschichtlichen Leistungen gemeinsam. Progressive Traditionen sind ihnen Antrieb zum Handeln.

Säkulargeschichte und Kirchengeschichte sind in der historischen Entwicklung unseres Volkes eng miteinander verflochten. Das Christentum begleitete die deutschen Stämme, als sie begannen, ein Volk zu werden. Jahrhunderte mittelalterlicher Geschichte waren vom Kampf zwischen Kaisertum und Papsttum um die Spitzenposition in der feudalen Gesellschaftspyramide und um den Vorrang in der europäischen Politik durchzogen. Die Reformation eröffnete als Bestandteil der frühbürgerlichen Revolution den Weg in die Neuzeit. Das Kirchenregiment der evangelischen Landesfürsten verfestigte die deutsche Kleinstaaterei und erstickte so manche progressiv-demokratischen Ansätze im deutschen Protestantismus, förderte aber auch in bestimmtem Maße das kulturgestaltende Potential der reformatorischen Kirchen in Deutschland. Im »Kulturkampf« zu Bismarcks Zeiten wurden soziale und politische Gegensätze im damals gerade aus der Taufe gehobenen wilhelminisch-deutschen Kaiserreich ausgetragen. Im Widerstand gegen die Nazibarbarei fanden viele Christen schrittweise an die Seite der Kämpfer der Arbeiterklasse und anderer antifaschistischer Kräfte.

Die Reihe dieser Beispiele für das Ineinander von Profan- und Kirchengeschichte in Deutschland ließe sich beliebig verlängern. Sie alle zeugen auf ihre Art dafür, daß sich Christentum in früheren Jahrhunderten und bis in die jüngste Vergangenheit immer wieder als geschichtsmächtige Kraft erwiesen hat – teils in retardierendem, teils in vorwärtstreibendem Sinne. In der Hand der Besitzenden und Herrschenden wirkte es systemstabilisierend, indem es dazu verwendet wurde, gesellschaftliche Fronten zu verschleiern und die jeweils bestehende Ordnung als gottgegeben, die jeweils betriebene Politik als »Gott wohlgefällig« auszugeben. Andererseits war christlicher Glaube die Hoffnung der Ausgebeuteten und Unterdrückten. Das war er von seinem geschichtlichen Ursprung her, und das blieb er durch die Jahrhunderte, auch in Deutschland, wenngleich die kirchlich tonangebenden Kreise dem zumeist entgegentraten.

Daß christlicher Glaube und viele seiner Bekenner den Gang der Geschichte immer wieder in progressivem Sinne zu fördern vermochten, hängt ursächlich damit zusammen, daß sich im Christentum wie in allen anderen humanistischen Geistesrichtungen eine Reihe allgemeinmenschlicher Normen und Ziele verkörpern. Da ist die Auffassung von der Gleichheit all dessen, was Menschenantlitz trägt. Da ist das Gebot, den Nächsten zu lieben wie sich selbst, ihm Gutes zu tun, sich für sein Wohl und Wehe mitverantwortlich zu wissen. Da ist die Forderung, »der Stadt Bestes« zu suchen, also sich tätig um die Belange der Gemeinschaft zu kümmern. Da ist die Verheißung vom Frieden auf Erden, verbunden mit dem Wort des Apostels, ein Christ solle dem Frieden gegen jedermann nachjagen. Da ist nicht zuletzt das hohe Werturteil über die Arbeit, mit der sich der Mensch die Erde untertan macht und gleichzeitig »des Leibes Nahrung und Notdurft« für sich wie für andere gewährleistet.

Solche Postulate christlicher Ethik haben auch in unserem Volk seit langen Jahrhunderten Christen dazu verpflichtet und ermutigt, für Frieden und soziale Gerechtigkeit tätig zu werden. Die Struktur antagonistischer Klassengesellschaften, deren Produktions- und Machtverhältnisse hinderten sie daran, diese sittlichen Grundwerte umfassend zu verwirklichen; aber die Versuche, die sie dazu unternahmen, summieren sich in unserer geschichtlichen Rückschau zu einer Kette fortschrittlicher Traditionen, die bis heute lebendig geblieben sind und die wir – sozialistische Gesellschaftsverhältnisse errichtend – auf höherer Ebene fortführen. Indem wir dieses Erbe antreten, können wir unter neuen Bedingungen weiterführen, was sie begonnen haben.

In vielfältiger Weise haben Christen das wirtschaftliche, politische und geistige Leben unseres Volkes bereichert. Die sozialökonomische und kulturelle Entwicklung Deutschlands im Mittelalter ist – um auch hier wieder nur einige wenige Beispiele zu nennen – kaum vorstellbar ohne die Klöster: ohne die Arbeit der Mönche, die im Umkreis ihrer Niederlassungen das Land urbar machten, Bildung verbreiteten, alte Handschriften kopierten und dadurch viele Überlieferungen aus vorangegangenen Jahrhunderten an nachfolgende Geschlechter weitergegeben haben. Christlichem Friedensethos entsprang die »Treuga Dei«, die Bewegung des »Gottesfriedens«, die dem Unwesen der mittelalterlichen Adelsfehden zu steuern versuchte und sich dort, wo sie sich zeitweise durchsetzen konnte, auch wohltätig auf Los und Leben des »kleinen Mannes« auswirkte. Nicht hoch genug zu veranschlagen ist das geschichtliche und menschliche Verdienst jener Männer und Frauen, die sich im Sinne christlicher Caritas den Kranken und Alten, den Armen und Verlassenen widmeten und die das in den diakonischen Einrichtungen der Kirchen bis heute tun.

Kirchliche Bautätigkeit hat uns unverlierbare architektonische Zeugnisse hinterlassen, ohne die wohl die Silhouette unserer Städte, aber auch das vertraute Bild der kleineren Gemeinden in unserem Lande nicht denkbar wäre. Für Maler und Bildhauer, aber auch für Handwerker gehörten die Kirchen ganze Epochen hindurch zu den bedeutendsten Auftraggebern. Was wäre die deutsche Literatur ohne die geistliche Dichtung und ohne das Schaffen christlicher Schriftsteller, was wäre unser Musikleben ohne Choräle und Oratorien, ohne Messen und geistliche Orgelwerke! Für die Wissenschaft haben Gelehrte, die fest im christlichen Glauben standen, wahre Pionierleistungen vollbracht.

Doch nicht nur solche bis heute sichtbaren und unmittelbar nachwirkenden Spitzenleistungen sind es, mit denen sich Christen in die Annalen unserer Geschichte eingetragen haben. Ungezählte christliche Werktätige haben sich von einem Pflichtbewußtsein, einem Berufsethos leiten lassen, das weitgehend von einem in ihrem Glauben wurzelnden Verantwortungsgefühl geprägt war. Das gilt für Bauern wie für Handwerker und Gewerbetreibende, für Arbeiter wie für Intellektuelle. Angehörige des geistlichen Standes entwickelten Ideen, die das geistige Leben befruchteten, und nicht selten geradezu revolutionierende Gedanken, die – wie im Falle Thomas Müntzers – zur materiellen Gewalt wurden, wenn sie die Massen ergriffen.

Die beiden Bände des vorliegenden Werkes veranschaulichen Stätten und Zeugnisse, die – je auf ihre Weise – diese progressive Traditionslinie verkörpern. Aber wir negieren darüber nicht jene Stätten und Zeugnisse, die von der anderen Traditionslinie künden, also von jenen gesellschaftlichen Kräften, denen das Christentum dazu diente, die jeweils bestehenden Gesellschaftsverhältnisse zu begründen und zu festigen. Auch ihre Hinterlassenschaft gehört zu dem Erbe, das auf uns gekommen ist und mit dem wir uns auseinanderzusetzen haben. Wir werten es differenzierend und ordnen es in unser Geschichtsbild ein. Sorgsam prüfen wir es unter dem Gesichtspunkt, was davon für uns wesentlich geblieben ist und was die Probe der Zeit nicht bestanden hat. Diese Art, die Vergangenheit zu befragen und alles für uns Bedeutsame in die weitere Entwicklung unserer Gesellschaft einzubringen, ist ein lebendiger Prozeß, an dem wir alle – ungeachtet sozialer Herkunft, weltanschaulicher Position oder Konfessionszugehörigkeit – tätigen Anteil haben.

Ein sprechender Beweis dafür war 1983 der 500. Geburtstag Martin Luthers. Er gehört zu jenen geschichtlichen Gestalten, zu denen früher längst nicht alle Angehörigen unseres Volkes inneren Zugang finden konnten. Diesmal jedoch wurde das Luther-Jubiläum zum Anlaß dafür, daß sich nicht nur Christen unterschiedlicher Glaubensrichtung, sondern auch Marxisten und Vertreter anderer humanistischer Auffassungen gründlicher als je zuvor mit seinem Leben und seinem Werk beschäftigten. Das verhalf uns allen dazu, seine Bedeutung für den Lauf der deutschen und der Weltgeschichte allseitig und gerecht zu würdigen. Als ein Ergebnis der hohen wissenschaftlichen und gesellschaftlichen Aktivität, die zur Luther-Ehrung 1983 entwickelt wurde, läßt sich mit Freude feststellen, daß das damals geweckte öffentliche Interesse für ihn bis heute anhält und sich weiter vertieft. So konnte die im April 1983 nach gründlicher Rekonstruktion feierlich wiedereröffnete Staatliche Lutherhalle in Wittenberg – das größte reformationsgeschichtliche Museum der Welt – in den darauffolgenden Jahren bis 1988 rund 500 000 Besucher verzeichnen; eine so hohe Besucherzahl gab es noch nie in der mehr als 100jährigen Geschichte dieses Museums im einstigen Wohnhaus des Reformators.

Ganz das gleiche ist an ähnlichen Stätten zu beobachten, die eng mit bedeutsamen Ereignissen aus der Vergangenheit unseres Volkes wie auch unserer Kirchen verknüpft sind, etwa der Wartburg bei Eisenach, dem Händelhaus in Halle, der Bach-Gedenkstätte in Leipzig, dem Französischen Dom in Berlin mit der ständigen Ausstellung des Hugenottenmuseums. All diese und viele andere Gedenkstätten sind in den zurückliegenden Jahren wiedererrichtet oder aus Anlaß bedeutsamer Jubiläen neu gestaltet worden und ziehen viele zehntausend Besucher aus dem In- und Ausland an. Das spricht für den zunehmenden Reifegrad sozialistischen Geschichtsbewußtseins und für die Tatsache, daß sich bei den Bürgern der DDR immer mehr der Standpunkt durchsetzt: Das Erbe gehört uns allen – wir alle sind hineingenommen in den kontinuierlichen und dynamischen Prozeß, in dem es gesichtet und produktiv angeeignet wird.

Unterschiedlich mögen die geistigen Ausgangspunkte sein, von denen her sich christliche und nichtchristliche Bürger diesem Erbe im Einzelfall nähern. Ein Christ sieht in einem Sakralbau, in einem Abendmahlskelch, in einem Gemälde oder einer Grafik mit christlichem Bildinhalt neben ihrem künstlerischen und historischen Wert immer auch ein Stück seines Glaubens, das in diesem Kunstwerk Gestalt gewonnen hat. Ein Nichtchrist erblickt darin ein Zeugnis bewegter geschichtlicher Vergangenheit, einen die Zeiten überdauernden Ausdruck für Fleiß und Kunstfertigkeit unserer Vorfahren, für ihre Vorstellungs- und Lebensweise. Doch in jedem Falle erweisen sich dieses Erbe und der Umgang mit ihm als ein konstitutives Element für die politisch-moralische Einheit unseres Volkes, deren ständiges Wachstum wiederum die Gemeinsamkeit bei der Aneignung und Pflege des Erbes entscheidend fördert.

Überhaupt sind geschichtliche Erfahrungen wichtig und bestimmend für das freundschaftliche und vertrauensvolle Verhältnis zwischen Christen und Nichtchristen, das ein Merkmal des gesellschaftlichen Lebens und Zusammenlebens der Bürger unseres Staates ist. Die Vergangenheit hat ihnen bewiesen: Frieden und Glück für unser Volk wie für andere Völker lassen sich nur dann erringen, bewahren und dauerhaft gestalten, wenn alle, die guten Willens sind, zusammenstehen und zusammengehen. Diese geschichtliche Erkenntnis wird durch die Lehren aus der mehr als vier Jahrzehnte währenden Zusammenarbeit aller sozialen und politischen Kräfte des Volkes beim Werden und Wachsen der Deutschen Demokratischen Republik eindrucksvoll und unwiderleglich bestätigt.

Für Christen leitet sich die Bereitschaft zu solcher Zusammenarbeit zudem aus ihrer ethisch begründeten Verpflichtung auf das Gemeinwohl her, der sie heute am wirksamsten dann nachkommen können, wenn sie sich mit Andersdenkenden vereinen, die gleichen Zielen zustreben. Für Marxisten ist dieses Miteinander eine Konsequenz aus den Prinzipien der Bündnispolitik, die ihnen gebietet, im Ringen um gesicherten Frieden und um das Wohl des Menschen nach Weggefährten zu suchen und dabei das Einende stets über Trennendes zu stellen. Auf dieser Grundlage entstand und festigte sich in unserem Lande Schritt für Schritt jenes kameradschaftliche Verhältnis zwischen Menschen unterschiedlichen sozialen und geistigen Herkommens, das eine der kostbarsten Errungenschaften des antifaschistisch-demokratischen Neuaufbaus und der sozialistischen Umgestaltung ist und das uns auch künftig gemeinsame Erfolge auf dem gemeinsamen Weg zum entwickelten Sozialismus verbürgt.

Konsequent verwirklichen die gesellschaftlichen Kräfte, die im Demokratischen Block und in der Nationalen Front der DDR freundschaftlich zusammenwirken, den Grundsatz unserer Verfassung, daß jeder Bürger unseres Staates, »unabhängig von seiner Nationalität, seiner Rasse, seinem weltanschaulichen oder religiösen Bekenntnis, seiner sozialen Herkunft und Stellung, die gleichen Rechte und Pflichten« besitzt. Das Prinzip der Gleichheit aller Bürger vor dem Gesetz ist Verfassungswirklichkeit. Gewissens- und Glaubensfreiheit sind gewährleistet; jeder Bürger der DDR – so besagt es ihre Verfassung, und so wird es in der Praxis gehandhabt – »hat das Recht, sich zu einem religiösen Glauben zu bekennen und religiöse Handlungen auszuüben«. Staat und Kirchen sind voneinander getrennt; während deutsche Staaten der Vergangenheit auf dem Bündnis von Thron und Altar beruhten, das sich für die Interessen des arbeitenden Volkes und für die Glaubwürdigkeit der Kirchen verhängnisvoll auswirkte, nimmt unser Staat weder den christlichen Glauben noch christliche Kirchen oder Religionsgemeinschaften in seinen Dienst. Das schafft ihnen gänzlich neue Möglichkeiten für Verkündigung und Seelsorge, für ihr Wirken zugunsten des Friedens und des hilfsbedürftigen Menschen.

Auf dieser Basis haben sich in einem nicht widerspruchsfreien, aber doch insgesamt vorwärtsgerichteten Prozeß sachliche und zunehmend konstruktive Beziehungen zwischen unserem Staat und den auf seinem Boden wirkenden Kirchen und Religionsgemeinschaften entwickelt. Sie alle werden – unabhängig von ihrem Bekenntnisstand und der Zahl ihrer Glieder – vom Staat gleich behandelt. Sie ordnen ihre Angelegenheiten selber und üben ihre Tätigkeit in Übereinstimmung mit der Verfassung und den gesetzlichen Bestimmungen der DDR aus. Sie lernen immer besser, ihren Standort in unserer Gesellschaft zu finden und auszufüllen. Das ergibt gute Voraussetzungen dafür, daß sich in den staatlich-kirchlichen Beziehungen auch künftig immer stärker Offenheit, gegenseitiges Verständnis und die Bereitschaft zu konstruktiven Regelungen durchsetzen.

Im Gespräch mit dem Vorstand der Konferenz der Evangelischen Kirchenleitungen in der DDR am 6. März 1978 würdigte der Generalsekretär des Zentralkomitees der SED und Vorsitzende des Staatsrates der DDR, Erich Honecker, den bedeutenden Beitrag, den kirchliche Amtsträger und andere christliche Bürger leisten, um den Frieden zu erhalten, das Wohl des Menschen zu fördern und Solidarität mit den um ihre Freiheit und Unabhängigkeit ringenden Völkern zu üben. Dieser Beitrag wird von unserer gesamten Gesellschaft geachtet und geschätzt. Wie Erich Honecker bei dieser Begegnung bekräftigte, »stellen die Gleichberechtigung und Gleichachtung aller Bürger, ihre uneingeschränkte Einbeziehung in die Gestaltung der entwickelten sozialistischen Gesellschaft eine Norm dar, welche die zwischenmenschlichen Beziehungen prägt und für alle verbindlich ist«.

In unserer sozialistischen Gesellschaft kann ein Christ seinen Dienst am Nächsten und am Frieden übereinstimmend mit den Zielen der Staatspolitik ausrichten, ihn als Dienst am gesellschaftlichen Ganzen leisten; hier weisen Christenpflicht und Bürgerpflicht für ihn prinzipiell in die gleiche Richtung. Die Christlich-Demokratische Union Deutschlands bietet ihren Mitgliedern die Möglichkeit, ihrer staatsbürgerlichen Verantwortung in allen gesellschaftlichen Bereichen auf bewußte und organisierte Weise nachzukommen. Sie fördert mit ihren Erkenntnissen aus langjähriger Mitarbeit an der Gestaltung der gesellschaftlichen Wirklichkeit in unserer Republik den Umdenkprozeß in kirchlichen Kreisen, der sich darauf richtet, kirchliches Reden und Handeln immer besser auf diese neuen gesellschaftlichen Realitäten zu beziehen und auf die wachsenden Erfordernisse des Ringens um einen gesicherten Frieden zu orientieren.

Das hilft, jene umfassende Koalition der Vernunft und des guten Willens zustande kommen zu lassen, die notwendig ist, um die Menschheit vor dem Atomtod zu bewahren und allen Völkern die Aussicht auf eine friedliche, glückliche Zukunft zu eröffnen. Auch die Zeugnisse schöpferischen christlichen Wirkens in der Vergangenheit, die in dem vorliegenden Werk durch Text und Bild zu uns sprechen, mahnen uns: Was in mühevoller Arbeit von Generationen geschaffen und bewahrt wurde, was von unserer ganzen Gesellschaft oft unter großen Anstrengungen wiederhergestellt wurde und gepflegt wird, darf nicht zu atomarer Asche werden. Wir sind verantwortlich dafür, daß es uns und unseren Nachfahren erhalten bleibt. Das ist die oberste Pflicht aller, denen der Frieden und die Zukunft der menschlichen Kultur am Herzen liegen.

Kirche in unserem Geschichtsbewußtsein

Skizze einer Deutung

Als die christliche Kirche zur Karolingerzeit in den Stammesgebieten der Thüringer und Sachsen missionierend Fuß faßte und bald auch mit fränkischer Heeresmacht dauerhaft befestigt und installiert wurde, da hatte sie bereits das stattliche historische Alter von rund gerechnet siebenhundert Jahren erreicht, und etwa zwanzig Generationen trennten und verbanden sie von und mit der Zeit der ersten Jünger und Apostel Jesu. So waren die Thüringer und Sachsen damals durchaus »Spätlinge« unter den »christlichen Völkern«, von den darin rascheren Franken in Feudalisierung, Staatsbildung und Christianisierung hineingenommen und vorangestoßen, von anfänglich zumeist schottisch-irischen Mönchen missioniert und zum Zeichen der (zunächst wohl nicht sonderlich tiefgründigen) Bekehrung getauft.

Wenn hier im Zusammenhang mit den Anfängen der Christianisierung auf dem heutigen Territorium der DDR neben Thüringern auch von Sachsen die Rede ist, so ist freilich daran zu erinnern, daß damit noch keineswegs die Bevölkerung jener Gebiete vornehmlich zwischen Mulde, Elbe und Erzgebirge gemeint ist, die heute als sächsisch gilt, sondern mehr die der Gebiete um den Harz und westlich der Elbe. Die Gebiete östlich von Saale und Elbe waren slawisch besiedelt. Deren Christianisierung, die zwar teilweise sporadisch schon von Böhmen und Mähren her versucht wurde, bildete speziell dann im 10. Jahrhundert sowohl ideologischen Vorwand als auch wirkungsvollen historischen Beweggrund für ihre Unterwerfung und Einbeziehung in das frühfeudale ostfränkische Reich bzw. in das sich herausbildende Regnum Teutonicum, die erste offizielle Bezeichnung jenes Feudalstaates, in dem sich vorwiegend aus westgermanischen und westslawischen Stämmen die Ethnogenese des deutschen Volkes vollzog.

Das Christentum und seine organisatorische Grundlage, die Kirche, waren in hervorragender Weise dazu geeignet, Feudalisierung, Staatsbildung und schließlich auch die freilich äußerst langwierigen Prozesse der Ethnogenese voranzubringen. Die christliche Kirche verdankte diese prägende Kraft vor allem ihren kommunikativen Fähigkeiten, die sie sich auf dem Wege von der Jerusalemer Urgemeinde über die Missionsreisen der frühen Apostel, die Ausbreitung in dem die gesamte kultivierte Mittelmeerregion umfassenden Römerreich, die Christenverfolgungen bis hin zur »Konstantinischen Wende« und dem Untergang des westlichen Römerreiches in den Stürmen der Völkerwanderungszeit erworben hatte. Letztlich beruhte diese Fähigkeit auf jener spezifischen Art von Gemeinschaftsbildung, die Kirche von allen anderen Arten urgesellschaftlicher, antiker oder auch frühfeudaler Gemeinschaftsbildungen unterschied, in und neben denen sie lebte und wirkte, sich anpassend und abgrenzend, koexistierend und rivalisierend.

Entstanden war ihre Keimzelle um den Zimmermann Jesus aus Nazareth auf dem kulturellen Boden der altisraelitischen Stammesreligion in hellenisierter

Umwelt unter den politischen Bedingungen römischer Statthalterschaft in Palästina. Daß diese kleine Gemeinde, die noch dazu durch die Hinrichtung ihres Begründers öffentlich diskriminiert war, nicht auf dem Stadium einer jüdischen Sekte oder Sondergemeinde verblieb, sondern tatsächlich den Ausgangspunkt für die christliche Weltreligion bildete, verdankt sie der religiösen Qualität jener Botschaft, die ihr Begründer hinterließ, und nicht zuletzt dem Wirken des Apostels Paulus.

Die Leistung der vorchristlichen Denker

Jesus verkündete das nahende Gottesreich, die Vergebung der Sünden und die Gleichheit aller Menschen vor Gott, unbeschadet ihres weltlichen Standes, ihrer ethnischen Volks- oder politischen Reichszugehörigkeit. Damit überwand er in einem zentralen Punkte die Exklusivität der altisraelitischen Heilsauffassung, die die Heilsverheißung und -erwartung an die fleischliche Zugehörigkeit zum Volke Israel band. Mit dem »Date Caesari« (Mt 22, 21) – »Gebt dem Kaiser, was des Kaisers ist ...« – hinterließ er jenes Direktivenwort, das dem Christen anempfiehlt, von sich aus nicht den Streit mit Kaiser und Reich, Staat und weltlicher Obrigkeit zu suchen und doch den Willen Gottes zu tun und am Glauben festzuhalten.

Diese prinzipielle Öffnung des Glaubenslebens für alle Völker und zu allen geschichtlichen Reichen wurde schon bald nach Jesu Tod gefährdet durch die eifernde Vorstellung, wer sich zu Jesus bekennen wolle, müsse auch die Beschneidung annehmen. Dies hätte den Weg in die Welt verbaut und das Gottesvolk in den Riten und dem Rahmen eines Ethnikums festgehalten. Es ist das Verdienst des Paulus, diesen drohenden Rückfall in alttestamentliche Gesetzlichkeit abgewendet und so endgültig den Weg von der Jüngergemeinde Jesu zur frühchristlichen Kirche geebnet zu haben.

Und gerade dadurch wurde das wichtigste Ergebnis der altorientalischen Kultur- und Geistesgeschichte, die epochale Leistung der vorchristlichen Denker des biblischen Israel für die Um- und Nachwelt geöffnet: die Überwindung der Natur- und Astralreligionen durch die monotheistische Vorstellung von dem einen und alleinigen Gotte als Herrn und Beweger der Geschichte. Erst von da an konnten Geschichte als Bewegung von einem Anfang her zu einem Ziele hin gedacht und die Vorstellungen vom sinnleeren Auf und Ab und Durcheinander in den ewigen Kreisläufen des Lebens durchbrochen werden.

So hatte das frühe Christentum der Kulturwelt der Antike eine Sinngebung für Einzelleben und Völkerschicksale anzubieten, die es allen rivalisierenden Kultgemeinschaften wie auch der griechischen und römischen Philosophie auf lange Sicht überlegen machte, zumal es eine Lösung in der Hand hielt, zu der auf seine Weise auch das philosophische Denken der Stoa hinarbeitete.

Der Monotheismus in seiner christlichen Gestalt war die reife Frucht der im Alten Testament gesammelten historischen Erfahrungen bei dem ersten großen

Frühes Christentum als Ausdruck religiöser Erlösungshoffnung

Formationswandel, den die Menschheit bis dato erlebt hatte: beim Übergang von der Urgesellschaft in die frühen Klassengesellschaften der altorientalischen Despotien und Tempelstaaten bis zur voll entfalteten Sklavenhaltergesellschaft der römischen Antike. Eine erste Achsenzeit der Menschheit auf dem Terrain zwischen Nil und Euphrat, das eben gerade dadurch bleibende Bedeutung für die Kulturmenschheit erhalten sollte, weil sich hier zum ersten Mal und auf nachhaltige Weise der Sprung in die antagonistischen Klassengesellschaften vollzog. Religiöse Kulte mit ihren Lehren, Mythen und Gemeinschaftsformen prägten hier in erkennbarer Weise jene Doppelfunktion aus, die sie von da ab immer wieder in antagonistischen Gesellschaften aufweisen: Sie legitimieren Herrschaft und Unterwerfung im Rahmen eines geltenden Wertsystems durch Tabuierung der (als übernatürlich deklarierten) obersten wertsetzenden Instanz und konstituieren zugleich Ziel- und Leitwerte der jeweiligen Kultur. Sie repräsentieren und verschleiern das Klassenwesen der jeweiligen Gesellschaft, wie sie auch das kollektive Gattungsbewußtsein der vergesellschafteten Menschen tragen und verhüllen: Produkt der Entfremdung in antagonistischen Ausbeutungsverhältnissen und zugleich Protest gegen sie und Ausdrucksmittel der Sehnsucht nach ihrer Überwindung.

Geboren im sozialen Milieu von Fischern, Zimmerleuten, Zöllnern, Zeltmachern und alledem, was als Plebs im Römerreich und seinen Provinzen galt, war das frühe Christentum in den ersten Generationen seiner Existenz vor allem Ausdruck religiöser Erlösungshoffnung, die im Glauben an Jesus Christus ihr gemeinde- und gemeinschaftsbildendes Bekenntnis hatte. Je mehr die Sklavenhaltergesellschaft in die Krise geriet und deren Perspektivlosigkeit auch ins Bewußtsein der Oberschichten drang, desto größere Anziehungskraft zeitigte die christliche Kirche auch auf die höheren Schichten und Kreise einschließlich der ferneren und näheren Umgebung der Imperatoren, bis sie schließlich unter Konstantin zur Alleinherrschaft gelangte und nun in engster, wenn auch spannungsgeladener Allianz mit dem Staat jene Macht ausübte, die nur noch herzlich wenig mit dem zu tun hatte, was nach wie vor als die Botschaft des Erlösers galt und politisch und sozial in seinen Spitzen scharf zu den denkwürdigen Anfängen dieser Bewegung kontrastierte.

Auf dem Wege von Nazareth und Jerusalem nach Rom und Konstantinopel entfaltete sich die christliche Bewegung und wandelte sich von der verachteten und glanzlosen Jünger- und Apostelgemeinde, die mühsam genug um Duldung und Glauben rang und auf Toleranz angewiesen war, zur prachtvollen Machtkirche, die zur Taufe zwang und die – nur anfallsweise von Christenverfolgungen unterbrochene – religiöse Toleranz des Römerreiches als veraltete Regierungskunst verwarf. Mit der territorialen Ausbreitung, dem quantitativen Wachstum und dem gesellschaftlichen wie politischen Aufstieg sammelte die Kirche reiche

Erfahrungen in der reichsweiten Kommunikation zwischen Gemeinden und Bistümern, der Ausbildung von Dogmatik, Seelsorge und Liturgie als Mittel der Menschenführung und schuf sich eine priesterliche Hierarchie mit dem Papst als oberster Instanz und kirchlichem Pendant zum Kaisertum.

In den Auseinandersetzungen um die religiöse Bedeutung Jesu wurde der überlieferte Monotheismus durch das Ineinanderdenken von alttestamentarischer Gottesvorstellung, Osterglaube und Pfingsterlebnis im Trinitätsdogma auf eine neue Stufe gehoben, wie auch durch das Dogma von den zwei Naturen in Christo und mit der Imago-Dei-Lehre wesentliche Grundlagen für die Überwindung des Menschenbildes der Sklavenhalterordnung gelegt wurden.

Die christliche Kirche hatte den römischen Staatskult der Vergottung der Kaiser geistig und politisch überwunden. Sie verpflichtete ihre Anhänger nicht auf das weltliche Reich und dessen sichtbare Herrscher, sondern lenkte die Hoffnungen auf das künftige Reich und dessen unsichtbaren Herrn. Dies und ihre bei aller gesellschaftlichen Verflechtung doch strikt gewahrte Nichtidentität mit dem Staat war die historische Voraussetzung dafür, daß sie den Untergang des Römerreiches überlebte, wie sie ja auch von Anfang an auf keinerlei historisch-konkrete staatlich-politische oder gesellschaftlich-juristische Ordnung festgelegt war. Sie stellte sich nicht wie die römischen Statthalter und Feldherren den gotischen, langobardischen und fränkischen Königen und Kriegern mit Truppenmacht entgegen und brauchte also auch nicht zerschlagen zu werden, sondern bediente die militärisch siegreichen, aber zivilisatorisch rückständigen Eroberer und Befreier vom parasitären römischen Staat und den Resten der Sklaverei mit Schreib- und Rechenkünsten bei der Verwaltung der gewonnenen Gebiete und taufte sie.

Wenn die frühfeudale Gesellschaftsordnung, die sich in den Barbarenreichen auf ehemals römischem Territorium, speziell im fränkischen Merowingerreich in Gallien, herausbildete, zu Recht als historische Synthese von Elementen der sich zersetzenden germanischen Gentilordnung mit Elementen und Restbeständen des zusammengebrochenen Römerreiches und der in ihm verfallenen antiken Sklaverei erklärt wird, so repräsentiert dabei gerade die Kirche ein gut Teil jenes antiken Erbes, das diesen Formationswandel in progressiver Weise beeinflußte und mitprägte: Schriftlichkeit, Erfahrungen in örtlicher und überlokaler Verwaltung und Kommunikation, nicht zuletzt das Eigengewicht eines dem Gemeinschaftsleben Rhythmus und Zyklus verleihenden Kultes mit seinen Riten und regelmäßigen Zusammenkünften.

Auf lange Sicht beruhte die kulturelle Überlegenheit der Kirche für die nächsten Jahrhunderte auch darauf, daß ihr mit dem Latein eine Sprache zur Verfügung stand, die den Informationsertrag eines Weltreiches in sich barg und durch ihre zahlreichen Abstrakta begriffliches Denken ermöglichte; eine Fähigkeit, die die barbarischen Idiome der Eroberer erst noch erlangen mußten und die sie vor-

Übernahme des Christentums durch die Germanen

nehmlich dadurch verkürzt bewältigten, daß sie das in Frage stehende Informations- und Erkenntnisgut als Lehnworte aus dem Lateinischen übernahmen. Die lateinische Kirche war das wichtigste Beutegut, das den Germanen auf römischem Boden in die Hände fiel.

Doch die Übernahme des Christentums durch die Germanen unterschied sich in historisch bedeutsamer und kennzeichnender Weise von der Art und Weise, wie sich das frühe Christentum während der ersten Generationen im Römerreich hatte ausbreiten müssen. Hatte es sich dort mühsam von unten nach oben durchsetzen müssen, so wurde es jetzt ganz im Gegensatz hierzu stärker von oben nach unten eingeführt und durchgesetzt. Wie schon Kaiser Konstantin bei der Schlacht an der Milvischen Brücke im Jahre 312, so hatte sich auch der Frankenkönig Chlodwig nicht von der Botschaft des Erlösers überzeugen lassen, sondern sich das Feldzeichen eines ihm neuen und fremden Kriegsgottes angeeignet, der ihm den Sieg in der Schlacht geschenkt und dadurch seine militärische Brauchbarkeit und Überlegenheit erwiesen hatte.

Die Franken ließen sich taufen, weil der König es befahl, nicht weil sie an Christus glaubten. Die Taufe symbolisierte hier weniger den Abschluß einer Missionierung, sondern eher deren Beginn. Herrscherwille und Gefolgschaftstreue kamen vor Lehre, Bekenntnis und Glauben. Verglichen mit den Anfängen aus der Apostelzeit, schienen die Verhältnisse nunmehr gänzlich auf den Kopf gestellt: die Glaubensbewegung eingefangen in Macht und Hierarchie, die Kirche ein »Überbau« – spätestens seit Konstantin und nun erst recht.

Von den Klassengesellschaften hervorgebracht und in ihnen unvermeidlich, bleibt die Überbaufunktion (den jeweils Herrschenden zu dienen und die Beherrschten zu beschwichtigen) ebenso Versuchung und Bewährungsfeld der Kirche, wie die Kirche ihrerseits zum Problem der Gesellschaft wird, solange die historische Entwicklung nicht prinzipiell die Existenzbedingungen von Klassengesellschaften hinter sich gelassen hat.

Diese Funktion der Kirche ist weder bedauerlich oder gar verwerflich, noch macht sie ihr Wesen aus. Sie ist vielmehr historisch ebenso unvermeidlich und vergänglich, wie ihr menschheitliches Anliegen notwendig geworden ist und unvergänglich bleibt, mag es sich auch immer wieder neu und anders artikulieren und schließlich kaum noch etwas mit den historisch bekannten Gestaltungen von »Kirche« zu tun haben und die religiöse Form abstreifen. Die geistige Souveränität bewußter Parteinahme für den realen Sozialismus erlaubt und gebietet Respekt vor den menschheitlichen Aufbrüchen und Entwürfen der Vergangenheit auch und gerade dort, wo sie in die Verstrickungen von Macht- und Klasseninteressen gerieten und Mühe genug hatten, die ursprüngliche Intention zu wahren.

Das Erstaunliche an der Geschichte der christlichen Kirche liegt nicht darin, daß sie gesellschaftliche und politische Macht gewann und sich dementsprechend als ein Machtfaktor neben anderen gerierte und sich in unterschiedlichen Gesellschaftsformationen von den jeweils herrschenden Klassen als Machtinstrument einsetzen und gebrauchen ließ. Dies gerade ist marxistischem Geschichtsdenken selbstverständlich und nahezu problemlos.

Erstaunlich ist vielmehr, daß trotz alledem das Evangelium Jesu Christi in der Kirche lebendig blieb und nicht gänzlich unterging, mochte seine Stimme auch oft übertönt werden und mitunter nur noch kläglich zu vernehmen sein. Theoretisch hängt dies mit jenem Phänomen zusammen, auf das Friedrich Engels in seinen Altersbriefen mehrfach aufmerksam machte, als er von der relativen Selbständigkeit der Ideologie bzw. der Ideologien sprach. Dies Problem ist gewiß viel umfassender als Kirchengeschichte und tangiert zumindest ebenso die Philosophiegeschichte, die Geschichte des politischen Denkens, des Stilempfindens in Architektur, Kunst und Literatur, Ethik und Ästhetik, kurz, die gesamte Kulturgeschichte im weitesten Sinne des Wortes.

Für die Kirchengeschichte aber gewinnt es besondere Brisanz, ja, möglicherweise hat es gerade hier das erkenntnisträchtigste Feld seiner historischen Thematisierung. Für alle jene kurz angedeuteten Gebiete, in denen wir auf das Phänomen der relativen Selbständigkeit des Ideologischen stoßen, trifft zu, daß wir es dabei mit Bereichen zu tun haben, wo arbeitsteiliges Spezialistentum Norm und Wertkriterien hervorbringt, wahrt und tradiert und damit einen wertbeständigen Kanon von Grund- oder Ausgangsinformationen schafft, der allen weiteren Lern-, Entfaltungs- und Entwicklungsprozessen zugrunde liegt. Er beinhaltet die Elementarinformation für jede neue Generation, die sie sich aneignen muß, um auf ihr weiterzubauen und sie bereichern zu können. Dies schafft bei allen spontanen evolutionären Weiterentwicklungen und auch revolutionären Umbrüchen ein die Zeiten überdauerndes und verbindendes Kontinuum menschlicher Erfahrung, wie in der Gesamtkultur so auch in ihren gesonderten Bereichen.

Die Kirchengeschichte macht dabei keine Ausnahme; sie scheint vielmehr jener Bereich zu sein, wo Konstanz und Kontinuität der Grundwerte trotz aller Umbiegungen, Anpassungen und Verformungen sich über Jahrhunderte hinweg immer wieder zur Geltung bringen und bisweilen mit geradezu elementarer Wucht gegen alles rebellieren, was sich ihnen inzwischen angelagert hat und Kirche mitprägt. Die gar nicht so selten anzutreffende landläufige Meinung, Kirche sei von Haus aus etwas Konservatives, hat hierin wohl ihren objektiven Erfahrungsgrund, ohne sich doch je voll bestätigen zu können. Geschichtlich ins Leben getreten ist sie jedenfalls nicht als Ansinnen, das Bestehende schlicht zu bewahren, sondern als Ruf zur Umkehr und Erneuerung mit dem Blick auf das nahe gewähnte Ende.

Was sie bewahren sollte und wollte und worin sie zur Konstanz und Identitätswahrung von Anfang an verpflichtet war und blieb, das war einzig und allein die

Kirchliches Selbstverständnis ist Faktor geschichtlicher Wirklichkeit

Botschaft von Jesus Christus und nichts sonst. Darin war sie gebunden und zur Knechtsgestalt verurteilt, in allem anderen war sie frei und mochte sich als Herr gebärden, was sie ja auch weidlich tat. Sofern es überhaupt eine Besonderheit der Kirchengeschichte gibt, mit der sie sich von allen anderen Teilbereichen des historisch-politischen Lebens in markanter Weise unterscheidet, dann ist es wohl die, daß sich ihr Wesen nur von einem doppelten Gesichtspunkt her verstehen und ihr Weg nur unter einem doppelten Wertkriterium beurteilen läßt: Wie hat sie ihren Gründungsauftrag bewahrt und erfüllt oder aufgegeben und verfehlt, und zum anderen, welche historische Rolle hat sie beim Entstehen und Ausreifen der einander ablösenden Gesellschaftsformationen und insbesondere bei deren revolutionärem und evolutionärem Wandel gespielt. Der eine Gesichtspunkt zielt auf das subjektive Selbstverständnis von Kirche, der andere auf ihre objektive historische Funktion.

Beide Aspekte sind theoretisch zu unterscheiden, in der geschichtlichen Wirklichkeit indes nicht voneinander zu trennen; denn das kirchliche oder christliche Selbstverständnis stellt selbst einen Faktor geschichtlicher Wirklichkeit dar, und andererseits kann sich keinerlei wie auch immer geartetes Selbstverständnis ohne Bezug zu konkret-historischen Bedingungen herausbilden oder artikulieren. Was Kirche war und sein sollte, hing immer sowohl von ihr selbst als auch von der sie umgebenden Gesellschaft ab.

Weder von ihr noch von der Gesellschaft hing jedoch die Botschaft ab, die sie zu verwalten und auszurichten hatte. Sie ging allein auf Jesus Christus zurück und bestand aus Worten in der Bibel, die weitergesagt, verstanden und geglaubt sein wollten. Sie lassen sich übersetzen und deuten, aber nicht beliebig zerren und pressen, funktionalisieren und manipulieren. Man mag dies für göttliche Stiftung halten und damit dem christlichen Glauben, vielleicht auch nur einem überholten Weltbild entsprechen.

Doch auch ohne die Poesie biblischer Sprachbilder bleibt die Sache spannend genug und wird in der Nüchternheit eines modernen wissenschaftlichen Welt- und Geschichtsbildes erst recht interessant. Wir stoßen hier auf das Problem des Schöpferischen in der Geschichte: auf die Macht des Wortes, das Wirklichkeit nicht nur abbildet und anspricht, sondern auch schafft und ausspricht. Mag das jeweils fällige Wort auch »in der Luft liegen« oder im Geiste der Zeit beschlossen sein und sich derart in seiner historischen Verwurzelung und Notwendigkeit ergründen und erklären lassen, so kann es doch nie anders ins Leben treten, als daß es von einem konkreten einzelnen Menschen (zuerst oder am klarsten) ausgesprochen wird, da Gesellschaften, Klassen, Schichten, Gruppen oder was wir sonst noch an historischen Zusammenschlüssen oder Kollektiven antreffen mögen, stets aus Individuen bestehen und sich aus deren wechselseitigen Beziehungen konstituieren.

Die Botschaft ist widerstandsfähig. Das hängt zusammen mit der Faktizität und Untilgbarkeit des einmal gesprochenen und aufgezeichneten Wortes, wodurch das Evangelium zum erkundbaren Gegenstand philologischer und historisch-kritischer Forschung wird, und zwar nicht mehr und nicht weniger als jedes andere historische Ereignis auch.

Und das Evangelium ist geschichtlich langlebig. In historisch-materialistischer Sicht hängt dies zusammen mit existentiellen Grundbefindlichkeiten in antagonistischen Klassengesellschaften (Entfremdung und das Bedürfnis nach deren Überwindung, also gewissermaßen mit einer formationsübergreifenden Überbaufunktion) und in dem Zusammenhang paradoxerweise auch mit seiner Nichtrealisierbarkeit: Es kann verkündigt und im Glauben angenommen, aber nicht zu politischer Gestalt gebracht werden. Mit dem Evangelium ist kein Staat zu machen, wohl aber Vertrauen als Elementarbedingung menschlichen Zusammenlebens zu wecken. So schafft und verkörpert es (in religiöser Form) ein Erbe- und Traditionsgut, das nicht unwiderruflich an Klassengesellschaften gebunden ist, mag es auch in ihnen entstanden sein. Das aber gilt von allen großen Kulturleistungen der Menschheit, von denen die christliche Kirche nicht die geringste ist.

Hing die Botschaft in ihrer reinen Wortgestalt nicht von Kirche und Gesellschaft ab, so desto mehr jedoch ihr Kontext für Deutung und Verkündigung, Verbreitung und Rezeption. Die einfachsten Bedingungen des Alltags und Mechanismen der Informationsübertragung setzten ein Geschehen in Gang, das aus dem Wort des Gründers (und seiner Apostel) die Kirche wachsen ließ und sie immer weiter von den Anfängen wegtrieb, ohne daß sie doch je die Bindung an den Ursprung hätte abstreifen können. Sollte das Wort gehört werden, so mußten sich Menschen zusammentun und dem Redner ihr Ohr leihen; sollte es beherzigt und – soweit möglich – gelebt werden, so mußte man Kontakt miteinander halten und als Gemeinschaft oder Gemeinde zusammenkommen und wiederum die Predigt hören. Bei der Predigt allein blieb es nicht, ein gemeinsames Mahl bindet noch enger und symbolisiert in allen Kulturen den Willen zu Gemeinschaft und Frieden. Vorlesungen und Gesänge gesellten sich dazu, auch die Bereitwilligkeit, dem Bedürftigen zu helfen und Opfergaben zu spenden.

So entwickeln sich im Gemeindeleben spontan Kult und Liturgie und auch eine Unterscheidung zwischen denen, die predigen, vorlesen, vorsingen, die Gaben einsammeln und austeilen, und jenen, die zuhören, mitsingen und spenden, in nuce die Arbeitsteilung zwischen Klerikern und Laien, der soziologische Ausgangspunkt dafür, daß Kirche immer mehr zur Anstalt wird, die in und über den Gemeinden wirkt und herrscht.

Die zunächst rein funktionale und fürs erste so harmlose Differenz zwischen Kultpersonal und den übrigen Gläubigen wurde brisant und für die weitere Evolution bedeutsam, als dem Kultpersonal eine besondere religiöse Qualität

Priestertum als Ergebnis gesellschaftlicher Arbeitsteilung

(Weihe) zugestanden, es der täglichen Sorge um den eigenen Lebensunterhalt enthoben wurde und sich ausschließlich den religiösen Verrichtungen widmen konnte. Damit vollzog sich im Christentum die soziale Wiedergeburt einer uralten Kategorie: ein Priestertum als bevorrechtete Kaste; von Jesus einst bekämpft. Der Kleriker lebt von der Kirche, der Laie mit ihr, der Gläubige in ihr.

Wie die gesellschaftliche Arbeitsteilung in einem langen historischen Entwicklungsprozeß Klassencharakter annahm, Antagonismen gebar und zur Herausbildung des Staates führte, so nahm denn auch die Funktionsteilung in den christlichen Gemeinden unter den Bedingungen längst etablierter Klassenherrschaft bald Amtscharakter an und verfestigte sich mit Standesprivilegien. Die Gemeinden sahen sich schließlich kontrolliert und in Dienst genommen von einer mächtigen priesterlichen Anstalt, die sich die Titel des historischen Auftrags als Rechte vindizierte. »Weltliche« Klassenspaltung und Staatsbildung finden cum grano salis ihre »geistliche« Entsprechung in der Institutionalisierung von Kirche und in der Kluft zwischen Klerikern und Laien; beides historisch ebenso unvermeidlich wie veränderlich und vergänglich.

Die priesterliche Anstaltskirche war das historische Resultat gesetzmäßiger Entwicklungen, kein Sündenfall. Sie eben hat jene organisatorische Festigkeit, Widerstandskraft und Anpassungsfähigkeit hervorgebracht, deren das Evangelium als Rückhalt bedurfte, um nicht als vereinzelte Stimme eines exaltierten Sonderlings im Chor der Meinungen unterzugehen und schließlich wirkungslos zu verhallen.

Die Anstaltskirche wurde selbst zu einem Faktor der Langlebigkeit des Evangeliums. Und dies wiederum in dem doppelten Sinne von Bewahrung und Provokation: Sie bewahrte die Heilige Schrift als Gefäß des Gotteswortes und schuf oder reproduzierte unversehens innerkirchliche Strukturen und Bedingungen, die des Evangeliums bedurften, ohne sich mit ihm rechtfertigen zu können; d. h., sie wurde Gesellschaft in der Gesellschaft, Korporation und Institution neben anderen Korporationen und Institutionen.

Und in der Anstalt wirkte andererseits das Evangelium als Stachel gegen zu weites Wegdriften von den Intentionen des Anfangs, gewissermaßen als stille geistige Eingreifreserve gegen totalen Identitätsverfall. In Zeiten von Krisen und Flauten, besonders in Epochen des Umbruchs und der Revolution haben sich immer wieder Kleriker wie Laien gefunden, die, aller hierarchischen Disziplin zum Trotz oder aber gestützt auf sie, sich auf die Bibel besannen, auf die Apostelzeit rekurrierten und so in Kirche und Gesellschaft Impulse auslösten, die am Zustandekommen von Fortschritt beteiligt waren. Aus der unaufhebbaren Spannung von Anstalt und Evangelium, von ursprünglichem Auftrag und jeweiliger konkret-historischer Situation gewinnt die Kirchengeschichte ihre geistige Dynamik.

Die Statuszuweisung vollzog sich anfangs als spontane Anerkennung des Charismas des Predigers, der die Lehre erfolgreich verbreitete, die seiner Helfer als Wahl durch die ganze Gemeinde. Sobald jedoch die Weihe ins Spiel kam, änderte sich dies. Taufen konnten zur Not alle, aber zum Priester weihen, das konnten nur die Bischöfe, und die galten als Nachfolger der Apostel.

Kirchliche Hierarchie und gesellschaftliches Prestige

Freilich wurden auch die Bischöfe gewählt, anfangs von der Gemeinde, später dann von den Domkapiteln. Die Weihe erfolgte aber durch drei andere Bischöfe. Damit sollte die »apostolische Sukzession« gewahrt werden, so daß die Würde der Bischöfe letztlich eben nicht aus der Wahl durch die Gemeinde stammte, sondern aus der durch Handauflegen weitergegebenen besonderen geistigen Kraft der Apostel, die jene unmittelbar vom lebenden Jesus oder aber wie Paulus vom Auferstandenen erhalten haben sollten.

Mit der Hierarchisierung wurde die Gemeinde in den Hintergrund gedrängt. Ihr Wahlrecht verblaßte zur bloßen Akklamation und ging schließlich an die Kleriker der bischöflichen Kathedralkirchen über, die sich zu einer bevorrechteten Korporation zusammenschlossen, dem sogenannten Domkapitel.

Das steigende gesellschaftliche Prestige der Kirche zeigte sich darin, daß immer öfter – aber keineswegs durchweg und ausschließlich – Angehörige gehobener Schichten und der herrschenden Klasse als Bischöfe gewählt wurden oder Eingang in die Domkapitel fanden. Dies war für beide vorteilhaft in den ganz praktischen Dingen des Lebens. Die Kirche sicherte sich dadurch die Unterstützung vermögender und politisch einflußreicher Kreise, und jene wiederum konnten ihre Familienmitglieder mit mehr oder minder einträglichen Posten versorgen und ihren Einfluß in der Kirche nachdrücklich zur Geltung bringen. Kirchliche Stellenbesetzung und klerikale Karrieren wurden spätestens mit der »konstantinischen Wende«, zum Teil vorher schon, in beachtlichem Maße zu einer Angelegenheit der herrschenden Klassen.

Im Prinzip stand die kirchliche Karriere dessenungeachtet jedoch allen offen, auch Kandidaten mit niederer Herkunft. Die oberen Ränge der Hierarchie waren ihnen keineswegs von vornherein verschlossen, doch sorgte die stille Kraft gesellschaftlicher Beziehungen dafür, daß sie dort nicht überhandnahmen.

Die kirchliche Hierarchie hatte wie die Gesellschaftspyramide insgesamt ihr Oben und ihr Unten. Oben – das war vor allem der Bischof und alles, was mit ihm und seiner nächsten Umgebung zusammenhing; unten waren die Gemeinde und der ihr unmittelbar zugeordnete niedere Klerus, die Gemeindepfarrer, Altaristen, Meßdiener und Diakone sowie die nichtgeweiten Ministranten, Lektoren, Cantaristen und Akoluthen.

Die kontrollierbare und bewertbare Leistung, die der Klerus täglich zu erbringen hatte, war hierarchiegerechtes Verhalten durch Einhaltung der Vorschriften. Er produzierte ja keine Waren als stoffliche Träger von gesellschaftlichem Ge-

Die Anstaltskirche braucht und schafft das Dogma

brauchswert, sondern Gesten und Worte. Wie die Ware-Geld-Wirtschaft zum Warenfetischismus tendiert, so die Anstaltskirche daher zum Wortfetischismus. Sie ertappt den Abweichler am falschen Wort und an der freien Rede ganz analog dem, wie die Zunft auf vorgeschriebene Qualität und gerechten Preis achtet.

Die Regelmechanismen der Anstaltskirche normieren die strittigen Punkte der Lehre zum Dogma. Seine Einhaltung wird zum Kriterium hierarchiegerechten Verhaltens, das Verstöße als Disziplinarfälle registriert, in leichteren Fällen mit Bußen ahndet, schwerere Fälle mit Bann oder schließlich gar mit Kerker und Tod bedroht. Daß letzterer nicht von der Kirche selbst, sondern von Kaiser, König oder Staat exekutiert wird, die der Kirche den »weltlichen Arm« leihen, betrifft nur das Procedere und nicht die Sache selbst: Dem Opfer kann es gleich sein, wer ihm den Stein um den Hals hängt oder das Feuer an den Holzstoß legt. Das Resultat bleibt dasselbe und vertieft einen in Gang befindlichen Lernprozeß.

Generationenlang praktiziert, schafft dies sowohl geistige Erstarrung in der Hierarchie wie auch eine Verlagerung der strittigen Fragen von den Zentralpunkten des Glaubens an die peripheren Details des Dogmas; deren fällige Normierung durch Autoritätsspruch verfeinert wiederum das Dogmengebäude und erweitert die Palette möglicher Verstöße. Der geistige Bewegungsraum für den Klerus verengt sich, die Unterscheidungskunst für die Feinheiten des Wortgebrauchs schärft sich. Die Übereinstimmung mit dem Dogma wird so zur Lebensnotwendigkeit im brutalsten Sinne des Wortes; der Intellekt hat sich in Demut und Gehorsam zu üben, mit dem Glauben zu begnügen und sich immer von neuem auf Konformität auszurichten.

Dieser Art von Disziplin konnte nur der Klerus unterworfen werden, der Laie lebte (hinsichtlich des Dogmas) freier. Und zwar schon deshalb, weil er sich mit seiner Hände Arbeit selbst ernährte oder von mancherlei Geschäften lebte, die mit der Kirche nichts zu tun hatten und auch ohne sie Gewinn abwarfen. Er mochte sich zwar gelegentlich den Kopf über die Geheimnisse des Glaubens zerbrechen und sich sporadisch als Laientheologe äußern, doch genügten für seinen täglichen Bedarf die Grundgebete, die regelmäßige Teilnahme am Gottesdienst und die Erfüllung seiner weltlichen Berufspflichten, um sich in der Gemeinde zu halten. Sein Vorankommen hing von anderen Kriterien des Wohlverhaltens ab als das des Klerus. Der Laie konnte unbefangener mit dem Wort umgehen als der Klerus, auch mit dem Wort, an dem der Glaube hängt, galt er doch per definitionem als Nichtfachmann (laos – griech. »das Volk«, vom gleichen indoeuropäischen Wortstamm wie »Leute«).

Diese vom Priestertum getragene Anstalt hat die Kultur in bestimmter Weise geprägt. Hier wird etwas getan, was nicht unmittelbar materiell zu Buche schlägt; ein Wert, der zunächst nichts zu tun hat mit jenen Gebrauchswerten, die durch produktive Arbeit entstehen, und der auf geistige Bedürfnisse gerichtet ist.

Es werden symbolische Handlungen vollzogen. Symbole heißen deshalb Symbole, weil sie etwas zusammenfassen und vereinigen und zeichenhaft eine Beziehung herstellen. Sie deuten Situationen. Es sind Zeichen einer Metasprache, die im Unterschied zur Objektsprache nicht die objektive, sinnlich wahrnehmbare Realität abbilden, sondern die Beziehung des Menschen zur Welt und in ihr deuten. Sie sind der Magie verwandt und in ihren historischen Ursprüngen in dieser verwurzelt, soweit sie willentlich oder unwissentlich mit der Absicht verbunden sind, die Welt nicht nur zu deuten, sondern deutend zu meistern, zu bewältigen und womöglich zu beherrschen.

Sie sind ein historischer Versuch, bei der Bewältigung des Lebens die Grenzen der sinnlichen Wahrnehmung zu durchbrechen, und haben insofern etwas mit Abstraktion von der Realität zu tun. Damit öffnen sich Wege für Phantasie und Imagination, die unerläßlichen Boten und Helfer des Schöpferischen. Die menschliche Kultur kann ihrer auf keiner Stufe der Entwicklung gänzlich entraten, auch wenn sich die konkreten Symbole und das jeweils von ihnen Gemeinte wandeln. Gerade die auf den ersten Blick so meilenweit von religiösem und magischem Denken entfernte Mathematik verdankt ihre Erfolge dem richtigen Einsatz von Zeichen und Symbolen. Zeichen und Symbole sind geistige Vertretungen der Wirklichkeit und ermöglichen die theoretische Durchdringung und Bewältigung der Welt. Dies gilt nicht nur für die Naturwissenschaften, wo dies völlig offen zutage liegt, sondern in analoger, wenn auch nicht völlig gleicher Weise für Ethik und Ästhetik, Kunst und Kultur im weitesten Sinne; auch für den Bereich des Politischen: siehe Fahnen und Wappen – man sieht ein Zeichen und weiß Bescheid, wen man vor sich hat oder was die Stunde schlägt und die Situation erfordert. So kann es wohl kaum überraschen, daß Karl Marx bei der Aufzählung der Modi der Bewältigung von Welt und Realität neben ökonomischer, wissenschaftlicher, politischer u. a. auch von religiöser Bewältigung und Aneignung der Welt spricht.

Nun hat die Kirche zwar keineswegs alles, was mit Religion zusammenhängt, in alleinige Erbpacht genommen, aber sie stellt doch jenen historischen Organismus dar, der über die reichsten Erfahrungen in und mit diesem Metier verfügt und zudem paradoxerweise im Evangelium Jesu Christi einen Impuls bewahrt, der über »das Religiöse« hinausweist, sofern dieses wesentlich als Magie, Unternehmen zur Bewältigung von etwas Supranaturalem oder »Griff nach Gott« vorgestellt wird. (Jedenfalls legt die wohl bedeutsamste Theologie des 20. Jahrhunderts, die von Karl Barth, eine solche Deutungsmöglichkeit nahe.)

Wie jede Aneignung und Bewältigung von Welt, so zeigt auch die religiöse Weltbewältigung ihre Entfaltungen und Entwicklungen, Wachstums-, Reifungs- und Lernprozesse und zeitigt Fortschritte, die generell etwas mit dem Vorankommen von Kultur zu tun haben. Was sich hierbei verfeinert, entwickelt, vervollkommnet, effektiver und »kultivierter« wird, das sind freilich weniger die Geschicklichkeiten und Fertigkeiten im Umgang mit Hammer und Meißel, Pflug und Egge und anderen Werkzeugen und Gerätschaften. Es sind mehr (wenn auch nicht ausschließlich) die Zwecke, die sich Menschen für ihre Tätigkeiten setzen, Sinngebungen der Arbeit. Und zwar jeweils Zwecksetzungen und Sinngebungen bzw. Ziele, die sich zunächst nicht der einzelne vornimmt, sondern die Gemeinschaft, der er angehört, das Kollektiv, das ihn determiniert, dirigiert, leitet und unterwirft, be- und verurteilt, aber auch trägt und nährt, rettet und heilt.

So hat Religion (und später auch Kirche) von Anfang an etwas mit Ordnung zu tun, und zwar mit Gemeinschafts- oder Gesellschaftsordnung. Generell gilt: Je weniger eine Gesellschaft entwickelt ist, d. h., je weniger Arbeitsteilung sie aufweist, desto stärker trägt ihre Ordnung »religiöse« Züge: Ritualisierungen und Tabuierungen im Alltag, die einem jeden seinen Platz in der Gemeinschaft zuweisen, jedem Tun eine Zeit einräumen und einen Sinn zubilligen. Und andererseits: Je entwickelter eine Gesellschaft ist, d. h., je mehr sie auf Arbeitsteilung beruht und je detaillierter sich diese Teilung der Arbeit gestaltet, desto mehr treten Alltag und Religion auseinander; die Arbeitszeit entritualisiert sich; Religion wird zur Freizeitbeschäftigung und verbindet sich – politökonomisch gesehen – mehr mit Rekreation, Erholung und Entspannung als mit der unmittelbaren Produktion. Der Weg geht vom Singsang gemeinsamer primitiver Feldbestellung, bei dem man mitmachen muß, zur Sonntagspredigt im Televisor, die man individuell anhören und abstellen kann. Das religiöse Leben folgt damit dem allgemeinen Gang der Kulturgeschichte vom unentrinnbaren Zwang zur genießbaren Freiheit; mit anderen Worten: vom Gebot zum Angebot, vom Müssen und Sollen zum Können und Dürfen.

Auf diesem Hauptwege der Kulturgeschichte hat die christliche Kirche eine im wesentlichen positive Rolle gespielt. Und zwar in erster Linie dadurch, daß sie sich auf keine jeweilige Gesellschaftsordnung festlegte, sondern auf ein kommendes Reich hoffte. So hat sie immer wieder Zukunft projektiert. Und mochte sie diese auch als »Jenseits« deklarieren, so trug sie doch das Ihre dazu bei, die Gedanken über den gegenwärtigen Zustand von Welt und Gesellschaft hinauszuheben, die Gegenwart zu »transzendieren«. Der konkrete Inhalt dessen, was sie an Zukunft zu verkünden hatte, mag zwar einem modernen Weltbilde als irreal oder als Utopie erscheinen, was jedoch nichts daran ändert, daß die Kirche im »vorwissenschaftlichen« Zeitalter der organisierte Hoffnungsträger für die Gattung Mensch war und damit eine unverzichtbare Funktion in der menschlichen Geschichte wahrnahm; eine Funktion jedenfalls, die von keinem der »weltlichen« Herzogtümer und Königreiche, Imperien und Staaten, von keiner der Zünfte, Bruderschaften oder sonstigen Vereinigungen in vergleichbarer Weise hätte ausgefüllt werden können.

Kirchliche Kultur entwickelte besondere Leistungen

Sofern man »Kultur« nicht wertneutral zur Bezeichnung einer Gesamtheit von Verhaltensweisen verwendet (wie etwa in der Ethnographie oder Volkskunde), sondern als wertgefüllten Begriff, der sich mit Emanzipation und Fortschritt verbindet, hat Kultur ganz prosaisch immer auch etwas mit Mehrprodukt zu tun.

Wie die Entstehung eines Mehrprodukts generell die Voraussetzung für die Entstehung von Klassen mit allen dazugehörigen historischen Folgeerscheinungen ist, so bildet das Mehrprodukt auch die Voraussetzung dafür, daß sich ein Priestertum und im weiteren dann ein christlicher Klerus und mit ihm die Kirche herausbilden können.

Kirche und Klerus ihrerseits haben wiederum eine doppelte Kulturfunktion für die (partielle) Verwendung des Mehrprodukts: Als hierarchisch gegliederter Verwaltungsapparat trägt die Kirche in genau der gleichen Weise wie die herrschende Klasse (Fürsten, Staat, Landesherren) zur Zentralisierung des Mehrprodukts bei. Nach dem Untergang des Römerreiches bedeutet dies in der Zeit der Feudalisierung, daß die Kirche – vor allem in Gestalt der Bischofssitze – nicht unerheblich zur Wiederbelebung bzw. überhaupt zur Entstehung der Städte speziell nördlich des Mains und östlich des Rheins beigetragen hat. In dieser Beziehung wirkt sich schlicht die Überbaufunktion der Kirche aus, und insofern ist dabei nichts Spezifisches festzustellen, was nicht auch generell von der fortschrittsfördernden Rolle ehedem herrschender Klassen zu sagen wäre. Nämlich: Die Konzentrierung des Mehrprodukts an den Herrensitzen (Burgen, Wehranlagen, Bischofssitzen, später auch Schlössern) ermöglicht die Entstehung, das zahlenmäßige Wachstum und im ferneren dann auch die arbeitsteilige Differenzierung einer nichtagrarischen Bevölkerung, trägt also zur Entfaltung der Sozialstruktur und damit schließlich zur Veränderung des gesellschaftlichen Systems bei. So wirkt die Kirche spontan als systemaufbauendes und -veränderndes Element des Feudalismus.

Bemerkenswerter für die spezifisch kirchliche Kulturfunktion ist jedoch der Umstand, daß die Kirche einen Teil des ihr zufließenden gesellschaftlichen Mehrprodukts für Kult und Liturgie verwendet, für künstlerische und intellektuelle Zwecke. So wird die Kirche für mehrere Jahrhunderte zum wichtigsten sozialen Auftraggeber für bildende Kunst und Architektur, auch für Literatur, Philosophie und Gelehrsamkeit, kurzum: zum Träger höherer Bildung. Unter kirchlicher Ägide entstehen Kulturwerte, die die Jahrhunderte überdauern, die wir genießen und bewundern dürfen und deren Pflege Pflicht ist und bleibt. Was Wunder, daß die Kirche im Mittelalter, wie Karl Marx es ausdrückte, »die besten Köpfe anzog«? Und sie zog sie an, weil sie dreierlei zu bieten hatte: soziale Sicherheit, Karrieremöglichkeiten und – Muße bzw. eine innerklerikale Arbeitsteilung, die neben Seelsorge, Sakramentenspenden und Altardienst auch Spezialisten für das Studium der alten Sprachen und heiligen Schriften oder für deren Kommen-

Mentalität und Leistungen des Mönchtums

tierung und sorgfältige Kopierung freistellte. Aus kirchlichen Bedürfnissen und Initiativen entstanden die Universitäten.

In und mit dieser hohen geistigen Kultur entwickelte sich als ein Phänomen besonderer Art eine »geistliche« Mentalität: das Berufswissen und die besonderen Fertigkeiten des Klerus im Umgang mit sich selbst und mit den anderen Menschen, bedingt durch die spezifischen Tätigkeiten, die ihren Alltag wennschon nicht ganz ausfüllten, so doch Maß und Rhythmus verliehen: Gottesdienst, Seelsorge, Gebet und Meditation. Dies trainierte Beobachtungsgabe und Selbstbeherrschung; die Fähigkeiten, Miene, Wort und Gestus des Gegenübers zu deuten, auf die eigenen Seelenregungen zu achten, Triebe und Affekte zu beherrschen, und verfeinerte mit dem Hang zur Askese die Genußfähigkeit. Meditation und regelmäßiges Gebet trugen dazu bei, die Gedanken zu ordnen, das Denken zu stereotypisieren, und förderten die Ein-Bildung oberster Werte für Verhaltensnormierung oder Sinnfindung im Leben. Diese Konzentrationshilfen konnten Ängste und Verklemmungen abbauen, aber auch – falsch dosiert – Hypochondrien auslösen.

Verstärkt wurde diese Mentalität durch das Vorrücken des Mönchtums in der Kirche, eine Erscheinung, die dem Urchristentum fremd war, die aber bis zur Reformation dem kirchlichen Leben in unserem Gebiet seinen Stempel mit aufprägte. Dem (in der katholischen Kirche weiterbestehenden) Mönchtum lag der Gedanke zugrunde, daß der einzelne Mensch durch Erbringung einer besonderen religiösen Leistung, insbesondere der Ehelosigkeit und der Einhaltung von Gelübden (Armut, Gehorsam, Keuschheit), Gott auf besondere Weise wohlgefällig sein und sich das ewige Heil verdienen könne. Durch Missionseifer, das Urbarmachen von Wald und Sümpfen und nicht zuletzt durch das eifrige Kopieren alter Handschriften haben sich Mönche und Klöster zweifellos nicht geringe Verdienste um die europäische Kultur erworben.

Andererseits trug aber gerade das Mönchtum dazu bei, daß sich ein »religiöses Leistungsdenken« im Christentum breitmachte, das sich schwerlich mit den Intentionen eines Jesus von Nazareth vertrug und das andererseits zu einem Mittel klerikaler Ausbeutung und zu einer schweren seelischen Last gerade für jene Menschen wurde, denen das Christentum mehr als nur eine überlieferte Gewohnheit war. Bezeichnend daher, daß das größte Ereignis der deutschen Kirchengeschichte, das zugleich zur ersten deutschen Revolution wurde, durch das theologische Aufbegehren des Mönches Martin Luther gegen diesen religiösen Leistungsdruck ausgelöst wurde.

Die Autorität der Kirche war groß, aber nicht unbegrenzt. Sie hatte die Bibel auszulegen und die Lehre zu normieren. Sie hatte über all das zu befinden, was mit der Stellung des Menschen zu Gott zusammenhängt. In diesem Metier machte ihr niemand die Hoheit streitig. Doch daneben gab es eine öffentliche

Gewalt mit weltlichem Recht, die kodifizierten Erfahrungen und Grundsätze jahrhundertelanger römischer Zivil- und Staatspraxis und die germanischen und frühdeutschen Stammesrechte, aufgezeichnet in den Rechtsspiegeln, von denen für unser Gebiet der »Sachsenspiegel« grundlegend und von besonderem Gewicht war.

Unterscheidung von geistlicher und weltlicher Gewalt bewegt Geschichte

Die Bibel war kein Gesetzbuch zur Regelung des täglichen Lebens mit seinen vielschichtigen Zweifels-, Konflikt- und Streitfällen. Mit der Bibel konnte man Geschichte deuten und die Gewissen beraten, geistigen Einfluß und moralischen Druck ausüben, weltliche Gesetze jedoch allenfalls subsidiär deuten helfen, aber nicht ersetzen. Darin unterschied sich das Christentum prinzipiell vom Islam.

Die Unterscheidung von geistlicher und weltlicher Gewalt, von kirchlicher Autorität und staatlicher Macht verlieh im Zusammenspiel mit dem genossenschaftlichen Erbe aus der Gentilzeit der öffentlichen Gewalt der europäischen Feudalgesellschaften eine innere Dynamik, die dem aufkeimenden Kapitalismus mehr Spielraum bot als anderswo.

Freilich war die Trennung und Unterscheidung von geistlicher und weltlicher Gewalt alles andere als harmonisch. Reibereien, Rivalitäten und Machtkämpfe kennzeichneten das Kräftespiel und machten es durchweg spannungsgeladen, wobei gerade Deutschland zu einem Hauptfeld dieser ihrem Wesen nach europäischen Auseinandersetzung wurde. Geschuldet war dies vornehmlich der Translatio imperii ad francos sive ad germanos; d.h. der Vorstellung, das Römerreich sei an die Franken beziehungsweise Germanen übergegangen. Diese Fiktion gründete auf der Lehre von den vier Weltreichen, derzufolge das Römerreich das letzte Reich vor dem Weltende sein sollte und folglich nicht als untergegangen gelten durfte, da ja die Welt noch immer bestand.

Dies führte zu einer christlichen Überfrachtung des deutschen Reichs- oder Staatsbewußtseins (soweit man für das Mittelalter von einem solchen reden kann): »Heiliges Reich«, »Heiliges Römisches Reich« und schließlich – mit einem ersten Schimmer von Realitätsbewußtsein – »Heiliges Römisches Reich deutscher Nation« waren die Bezeichnungen für das feudale deutsche Staatswesen. Die deutschen Könige und (römischen) Kaiser mochten daraus zwar eine ehrenvolle Vorrangstellung gegenüber den anderen feudalen Potentaten des »Abendlandes« für sich ablesen, prinzipiell war aber damit das deutsche Staatswesen zu einer christenheitlichen Einrichtung deklariert, für deren Geschicke der Idee nach nicht nur die deutsche Feudalnation zuständig war, sondern deren Krone auch dem Anspruch fremdländischer Bewerber offenstand; ein Zustand, der um so anachronistischer wirken mußte, je mehr sich nationale Monarchien konstituierten und die allgemeine Richtung der geschichtlichen Entwicklung auf die modernen Nationen hinarbeitete. Das Ringen zwischen Kaisertum und Papsttum, die Zurückdrängung der weltlichen Macht der Kirche und ihre be-

Verflechtung von Kirche und Gesellschaft im Mittelalter

wußte Beschränkung auf die geistlichen Funktionen bildete daher für viele Jahrhunderte einen Drehzapfen deutscher Geschichte.

Seine besondere Dringlichkeit erlangte dieses Problem u.a. auch dadurch, daß sich im 10. Jahrhundert unter den Ottonen das sogenannte »Reichskirchensystem« herausgebildet hatte: Für viele Gebiete waren die Bischöfe mit staatlicher Gewalt belehnt worden und bildeten nun die Hauptstütze der Königsmacht. Der Staat dominierte eindeutig die Kirche, und diese war schlicht zu einem Machtinstrument des Feudalismus geworden, zu einer »Kaiserkirche«. Ein Jahrhundert später folgte der Gegenschlag. Gestützt auf die clunyazensische Reform des Mönchswesens, erstarkte das Papsttum so weit, daß es dem König und Kaiser das Recht auf Einsetzung der Bischöfe streitig machen konnte. Im Investiturstreit, der mit dem berühmt-berüchtigten Canossagang Heinrichs IV. die Macht des Papsttums demonstrierte, und im Wormser Konkordat von 1125 wurde die Trennung von weltlicher und geistlicher Macht auf Reichsebene gültig verankert, ohne daß damit alle Reibeflächen ein für allemal beseitigt worden wären.

Hatten sich so Kirche und Staat einigermaßen erkennbar unterschieden, ohne sich rigoros zu trennen, so verflochten und verzahnten sich statt dessen Kirche und »Gesellschaft« eher noch unentwirrbarer, als dies ehedem der Fall war. Die frühe Feudalzeit hatte sich in Sachen Kirche unter anderem dadurch ausgezeichnet, daß viele adlige Grundbesitzer aus eigenen Mitteln auf ihrem Grundbesitz Kirchen und Kapellen errichteten und sich dergestalt »Eigenkirchen« zulegten. Dies adlige Eigenkirchenwesen war durch die erstarkende Bischofsgewalt zurückgedrängt worden. Mit dem Erstarken der Städte und dem zunehmenden ökonomischen und politischen Gewicht des Bürgertums wiederholte sich dieser Vorgang in analoger Weise, wenn auch auf etwas anderen Bahnen. Wie Adel und Feudalherren ihren Stolz darin gesehen hatten, ihre Sitze mit Kapellen und Kirchen zu zieren, so wetteiferte das Bürgertum der Städte jetzt darin, neben Rathaus und Gildehaus seinen gesellschaftlichen Rang mit möglichst prächtigen Kirchenbauten zu repräsentieren. Besonders in den Bischofs- und Fürstenstädten wurde die Unterscheidung zwischen Stadtkirche und Schloßkirche zum Merkmal für die lokale Verteilung von feudalem und bürgerlichem Ansehen.

Und wie sich das Bürgertum nicht nur zwischen arm und reich differenzierte, sondern vor allem in Zünfte und Gilden gliederte, so füllten sich die Kirchen mit Nebenaltären für die Heiligen der Zünfte und Berufsstände. Die Ständegliederung der Gesellschaft griff nach der Kirche, zergliederte sie innerlich und wies ihr zunehmend auch unterschiedliche Dächer für Gottesdienst und Predigt zu. Die Kirche war zwar nicht gerade auf dem Wege zu verbürgerlichen, wohl aber auf bürgerliche Weise zu verweltlichen, ohne noch die feudale Verweltlichung abgestreift zu haben. In ihrer Spitze im Papsttum universalistisch zusammengefaßt und zugleich arbeitsteilig in die feudale Herrschaft integriert, reicherten sich auf ihrer gemeindlichen Basis jene Probleme an, die mit der beginnenden bürgerlich-kapitalistischen Zersetzung des Feudalsystems verbunden waren: die Gegensätze zwischen armen und reichen Zünften, zwischen Ratsbürgertum und bürgerlicher Opposition, zwischen Bauerngemeinde und feudaler Grundherrschaft, auch die zwischen niederem Klerus und wohlbestallten geistlichen Pfründnern und andere mehr. Und nicht zuletzt war die Kirche gerade dadurch zu einem Problem der heranreifenden revolutionären Bewegung geworden, daß sie im Laufe der Jahrhunderte einen riesigen Grundbesitz an sich gebracht hatte. Etwa zwei Drittel der landwirtschaftlichen Nutzfläche Deutschlands befanden sich direkt oder auf Umwegen in kirchlicher Hand.

So wurde die Kirche an der Wende vom 15. zum 16. Jahrhundert zum Knotenpunkt aller gesellschaftlichen Widersprüche. Es war die für die weitere Entwicklung der Kirche entscheidende Wendesituation, die zugleich die Epoche der bürgerlichen Revolutionen in Europa einleitete. So wie man in den späteren Revolutionen für die historische Wegfindung darüber debattierte, wie die »Gesellschaft« eigentlich beschaffen sein müßte und welche »Gesellschaftsordnung« es anzustreben gelte, so entbrannte damals die Diskussion darüber, ob und wie die Kirche zu reformieren sei. Die Reformation der Kirche, unversehens ausgelöst von Martin Luther, wurde unter diesen Bedingungen zum ersten Akt der frühbürgerlichen Revolution in Deutschland und damit zur ersten Welle in einem europäischen Zyklus bürgerlicher Revolutionen, die den Feudalismus schrittweise zurückdrängten und die bürgerlich-kapitalistische Gesellschaft freisetzten.

Machtverlust der Kirche seit Beginn der Neuzeit

Wie sich von nun an die Gesellschaft zunehmend schneller veränderte, so wandelte sich auch die Stellung der Kirche in ihr. Hatte sie am Ende des Mittelalters und zu Beginn der Neuzeit im Zentrum des gesellschaftlichen Systems gestanden, so geriet sie mit der fortschreitenden revolutionären Umgestaltung immer entschiedener an den Rand der gesellschaftlichen Macht, ohne jedoch gänzlich an Einfluß zu verlieren. Das erste und für die Kirche selbst wohl einschneidendste Ergebnis bestand darin, daß die Kircheneinheit wiederum zerbrach, und zwar nachhaltiger, als dies einst die Spaltung zwischen Ostrom und Westrom im Jahre 395 vermocht hatte. Die katholische Kirche, die bis dahin gegenüber der griechisch-orthodoxen und dann auch der russisch-orthodoxen Kirche die geistliche Einheit des übrigen Europa verkörpert hatte, mußte andere christliche Kirchen neben sich dulden und wurde zu einer von mehreren Kirchen. Europa gelangte zur Multikonfessionalität, dem historischen Erfahrungshintergrund, auf dem Toleranz zur Lebensnotwendigkeit wurde. Zusammen mit den Entwicklungen in Wissenschaft und Technik war dies auch – und auf lange Sicht am nachhaltigsten – der Hintergrund dafür, daß nunmehr prinzipiell neu und anders als bisher über Wahrheit und Wissen, Glaube, Vernunft und Erfahrung nachzudenken war.

Kirche
zwischen Vorurteil
und modernem Weltbild

Die kirchliche Einbindung von Brauchtum und Denkgewohnheiten ging einher mit Borniertheiten, von denen schwer zu sagen ist, ob und wie man hier Mittelalterliches und Kirchliches voneinander trennen oder zumindest unterscheiden sollte. Hier ist an all das zu erinnern, was mit Dämonen und Teufeln, Hexen und bösen Geistern zu tun hat, auch mit Inquisition und Intoleranz. Wie qualvoll schwer hatten es doch die experimentelle Wissenschaft und das moderne Weltbild, sich gegen Macht und Bannsprüche der Kirche durchzusetzen, die auf die Bibel pochte und deren Weltbild für sakrosankt erklärte!

Was sich hier im Zusammenhang mit dem Vordringen der experimentellen Wissenschaft und dem modernen Weltbild abspielte, war jedoch keineswegs nur ein Kampf von »außen« gegen »die Kirche«. Es war genauso – und womöglich noch schärfer – eine Auseinandersetzung innerhalb der Kirche um das Wesen des christlichen Glaubens und darum, was Kirche »eigentlich« ist oder sein sollte. Die Frontlinien zwischen Reaktion und Fortschritt gingen quer durch die Kirche hindurch, und zwar schon deshalb, weil ja ein jeder mit Selbstverständlichkeit getauft war und also zur Kirche gehörte, und zum andern nicht zuletzt auch deshalb, weil auch im Klerus nie das Fragen, Ringen und Suchen danach aufgehört hatte, was die Kirche ist und wie die Bibel recht zu verstehen sei.

Gesellschaft und Wissenschaft emanzipierten sich von der einst übermächtigen kirchlichen Bevormundung. Und die Kirche – allen voran die Theologen – mußte sich von einem veralteten Weltbild lösen und versuchen, das, was sie unter Evangelium oder christlicher Botschaft verstand, in Denkbildern auszudrücken und in einer Sprache zu sagen, die nicht mehr an Antike und Mittelalter gebunden waren, dabei aber doch das bewahrten, was in der Bibel so gesagt ist, daß es auch einen neuzeitlichen Menschen interessieren und betroffen machen kann. Davon ist die Theologie- und Kirchengeschichte seit der Reformationszeit weitgehend geprägt. (Übrigens ist diese »Entmythologisierung« gar nicht so schwierig und sollte nicht überzogen werden: Gerade die alten Mythen und Legenden machen ja die Bibel so schön und unersetzlich; und wer den Schöpfungsbericht für eine naturwissenschaftliche Aussage hält, dem ist sowieso nicht zu helfen.)

Genauso wichtig wie dieser geistig-denkerische Prozeß, der sich seit Renaissance und Reformation vollzog und sich auch weiterhin unter immer neuen Bedingungen durchsetzt, sind die sozialstrukturellen Veränderungen in den Beziehungen zwischen Staat und Kirchen, Gesellschaft und Kirchen und innerhalb der Kirchen.

Der vorreformatorische Klerus war an den Zölibat gebunden; d. h., er konnte sich nicht biologisch selbst reproduzieren und als »Geburtsstand« etablieren. Er war im Gegenteil darauf angewiesen, sich stets von neuem aus allen möglichen Bevölkerungsschichten zu rekrutieren, auch aus den unteren. So paradox dies auch klingen mag, so war doch gerade dies einer der wesentlichsten Faktoren dafür, daß die Kirche (speziell der Klerus) im Mittelalter generell enger mit der Gesellschaft – um nicht zu sagen: mit dem Volk – verbunden war als nachher.

Gegenreformatorisches Wiedererstarken der katholischen Kirche

Die Reformation schaffte den Zölibat ab und bescherte der protestantischen Geistlichkeit Ehe und eigene Familie. Das »protestantische Pfarrhaus«, nicht ganz zu Unrecht gelegentlich als eine der Keimzellen bürgerlicher Intelligenz betrachtet und mitunter auch glossiert, hat hier seinen Ursprung. Soweit es angängig ist, für die aus der Reformation hervorgegangenen Kirchen noch den Ausdruck »Klerus« zu gebrauchen, ist jedoch darauf hinzuweisen, daß sich nunmehr dessen soziales Antlitz und damit letztlich auch die gesellschaftliche Stellung der Kirche(n) veränderte.

Diese neue Geistlichkeit kann sich nicht nur zu einem beträchtlichen Teile aus sich selbst reproduzieren; sie bringt zudem weit mehr ziviles und letztlich bürgerliches Alltagsinteresse in das »Amt« ein, als dies von einem Zölibatär zu erwarten ist. Wie sich der Klerus in der Feudalzeit – zumindest in seinen Spitzen – feudalisierte, so setzt nunmehr in analoger Weise eine Verbürgerlichung der Kirche ein. Und wie die Kirche das Feudalsystem stützte, so bewährte sich auch die sich verbürgerlichende Kirche in der nachfeudalen und kapitalistischen Gesellschaft.

Von diesem Prozeß wurden die protestantischen Kirchen rascher und intensiver erfaßt als die katholische Kirche, die sich gesellschaftlich und politisch länger an die feudalabsolutistischen Mächte anlehnte. Doch blieb auch die katholische Kirche nach der Reformation nicht mehr ganz dieselbe wie früher. Der Klerus wurde einer strengeren Auslese unterzogen als vordem, seine theologische Ausbildung entschieden verbessert und die Stellung des Papsttums gestärkt.

Als Kraft der gegenreformatorischen Wiedererstarkung und partiellen Modernisierung bewährte sich dabei der mehrfachen Verboten und zählebigen Verleumdungen ausgesetzte Jesuitenorden. Auf dem doppelten Wege bewußter Elitebildung und engsten Kontaktes mit der Volksfrömmigkeit bei intensiver Nutzung von bildender Kunst, Musik und Architektur festigte die katholische Kirche ihre Positionen und gewann auch einiges Terrain zurück, das ihr in der Reformationszeit verlorengegangen war, so z. B. das Eichsfeld. In den sorbischen Gebieten der Lausitz, die bis 1635 zum Königreich Böhmen gehörten, hielt sie sich teils dank des politischen Rückhaltes bei den Habsburgern, teils dank der Möglichkeit, die ethnische Eigenart der Sorben durch Verbleiben beim Katholizismus auch religiös-kulturell zu artikulieren. Unter prononcierter Wahrung des institutionellen Eigeninteresses fügte sich auch die katholische Kirche allmählich in die bürgerlich-kapitalistische Gesellschaft ein.

Freilich ging insgesamt die Bedeutung der Kirchen für den staatlichen Bereich der Macht zurück. Unter anderem deshalb, weil schon in der Epoche des Absolutismus eine juristische und dann auch militärische Intelligenz herangezüchtet wurde, die die Geistlichkeit für die staatlichen Verwaltungsfunktionen entbehrli-

Die gesellschaftlichen Führungskräfte emanzipieren sich

cher machte, als dies etwa im Hochfeudalismus der Fall war. Philosophen, Journalisten und ganz allgemein Literaten übernahmen einen großen Teil der »Produktion von Ideologie«, so daß auch auf diesem Gebiete der Geistlichkeit eine mächtige Konkurrenz erwuchs. Ganz allgemein gesagt: Es entwickelten sich Bedingungen in der gesellschaftlichen Produktionsweise, bei denen ein zunehmend größerer Teil der intellektuellen und gesellschaftlichen Führungskräfte materiell, sozial und disziplinarisch nicht mehr von kirchlicher Versorgung abhängig war.

Letztlich handelt es sich also bei der sogenannten »Säkularisierung« um einen Effekt zunehmender gesellschaftlicher Arbeitsteilung bei der Herausbildung der bürgerlich-kapitalistischen Produktionsweise. Bildkräftig ablesbar wird dies am veränderten sozialen Profil der Revolutionäre bzw. der Revolutionsauslöser: Die deutsche frühbürgerliche Revolution (Reformation und Bauernkrieg) wurde von dem Theologen Martin Luther ausgelöst und von dem Gemeindepfarrer Thomas Müntzer auf ihren Höhepunkt geführt; die ideologische Vorbereitung und praktische Durchführung der Großen Französischen Revolution hingegen war weitgehend das Werk von Philosophen, Juristen und politisch engagierten Journalisten.

Ein weiterer und für die »studierte« Geistlichkeit höchst fataler Effekt der vielfältigeren Arbeitsteilung und zunehmenden sozialen Mobilität zeigte sich – beginnend spätestens mit dem Pietismus – in der spontanen religiösen Aktivität von Laien in und neben der Kirche und auch gegen sie. Die vorreformatorische Kirche hatte es verstanden, spontane Aufbrüche religiösen Geistes in Orden, Kongregationen und Bruderschaften einzufangen und zu kanalisieren, soweit diese nicht wie etwa bei den Albigensern mit Feuer und Schwert ausgetilgt wurden. Die Reformation hatte dieses elastische System der Eingliederung und Überdachung religiöser Gruppen und Gemeinschaften rigoros zerschlagen und abgeschafft. So führte das spontane Bedürfnis nach Gruppenbildung und Gemeinschaft in (und wohl auch wegen) der Gesellschaft zum Dissens, zu Zirkel und Sektenwesen und zum Emporschießen immer neuer »Religionsgemeinschaften« und »Kirchen«: Widerschein kapitalistischer Konkurrenz und »bürgerlicher« Freiheiten im Kirchenwesen. Provoziert wurde dies unter anderem in Deutschland durch das landesherrliche Kirchenregiment oder aber erleichtert durch das weitgehende Fehlen gefestigter Traditionen und die mangelhafte Ausbildung der Staatlichkeit wie etwa im 19. Jahrhundert in den USA. So konsolidierten sich die evangelischen Freikirchen als eine für säkularisierte Gesellschaften charakteristische Form kirchlicher Gemeinschaftsbildung.

Die bürgerlichen Revolutionen hatten zwar (abgesehen von England) die Trennung von Staat und Kirche durchgesetzt und verfassungsmäßig verankert; in der bürgerlichen »Gesellschaft« hingegen übte die Kirche nach wie vor eine Ordnungsfunktion im banalsten Sinne des Wortes aus. Auch die beginnende Arbeiterbewegung bediente sich in ihren Anfangsstadien christlicher Argumente, und religiöses Ideengut spielte in ihr eine nicht zu übersehende Rolle. Doch da die Kirche eben kraft spontaner Sozialbeziehungen zu einem funktionstüchtigen Element des kapitalistischen Systems geworden war, erlebte die Arbeiterbewegung sie mit aufdringlicher Regelmäßigkeit als Helfer der Gegenseite oder als frömmelndes Hemmnis in den eigenen Reihen. Die ideologische und politische Verselbständigung der Arbeiterbewegung und ihre Loslösung vom geistigen Einfluß der liberalen Bourgeoisie schloß unter diesen Bedingungen die Zurückweisung kirchlichen Einflusses ein, mochte dieser subjektiv auch noch so wohlgemeint sein. Zugleich verzichtete der Marxismus von Anfang an gänzlich darauf, seine historische Mission und seine politischen Ziele irgendwie christlich zu motivieren oder religiös zu begründen. Dies war die unerläßliche geistige und historische Voraussetzung dafür, daß Kirche im Sozialismus wieder Kirche sein kann, ohne mit den Überbaufunktionen von Macht- und Systemstütze belastet zu sein.

Wagen wir einen letzten zusammenfassenden Rück- und Überblick. Entstanden war das Evangelium Jesu Christi als Botschaft von der Versöhnung mit Gott und seinem nahenden Reich auf dem Höhepunkt der antiken Sklaverei. Seine größte Kraft entfaltete es in den frühen Jahrhunderten der institutionellen Ohnmacht, da es darauf angewiesen war, mit dem bloßen Wort allein Menschen zu überzeugen und auf einen neuen Weg zu führen. Zur Institution mit Macht geworden, dem Staate verschwistert und verschwägert, repräsentierte und formte die Kirche Kultur und Gesellschaft mehr mit dem ökonomischen, sozialen und politischen Gewicht ihrer Anstalt als mit dem Wort, das ihr vom Gründer aufgetragen war. So zeigte sie sich zeitlich und territorial unterschiedlich als Universal-, Reichs-, Staats- oder Nationalkirche; Kaiser-, Papst-, Bischofs- oder Gemeindekirche; Volks-, Landes- oder Freikirche; Kleriker-, Pastoren- oder Laienkirche und in anderen Bindestrich-Kombinationen. Teils den Quellen entnommen, teils in polemischer oder analytischer Absicht eingeführt oder vorgeschlagen, indizieren Typennamen dieser Art wesentliche Zusammenhänge von Kirchengeschichte und Gesellschaftsgeschichte. Je mehr Gesellschaft und Kultur den Zwängen und Banden dieser Anstalt entwuchsen, desto rascher beschleunigte sich der Fortschritt der Geschichte, und desto mehr war die Kirche darauf angewiesen, sich weltlicher Reichtümer und politischen Einflusses zu entledigen, soweit ihr diese nicht schon ohnedies entzogen waren.

Ein Kreis scheint sich zu schließen: Je mehr die Anstalt an Macht verliert, desto klarer tritt zutage, was sie an Kulturwerten durch die Geschichte trug. Und je weniger die Gesellschaft sich der Kirche bedient, desto unbefangener kann sie diese Werte würdigen und wirken lassen. Die Gestaltungen von Kirche sind wandelbar und vergänglich; ihr Erbe ist aufhebenswert; ihre Geschichte lehrreich für Wesen und Weg von Geist, Macht und Kultur; die Deutung des Phänomens ein Thema von Geschichtsbewußtsein und Kulturwillen.

SCHLOTHEIM

GRABBEIGABE

In einem bei Schlotheim (Nordthüringen) entdeckten Grab eines um 600 verstorbenen Priesters und Missionars fanden sich mehrere ungewöhnliche Beigaben, darunter eine mit kostbaren Tauschierungen verzierte eiserne Speerspitze. Sie weist folgende christliche Symbole auf: das Dreieckzeichen der Trinität, dem die zentrale, mit Kreuz versehene Fischdarstellung als Symbol Christi angeschlossen ist, weiterhin eine aus Ornamentbändern bestehende Mandorla, die das Christussymbol umrahmt.

Das erst vor kurzem gefundene Grab von Schlotheim wird in »Alt-Thüringen« Band 22/23 von G. Behm-Blancke veröffentlicht.

I.
Ecclesia militans – *Kaiserkirche im Karolingerreich*

Die Geschichte der christlichen Kirche war über die Jahrhunderte hinweg mit den Entwicklungen und den Problemen in Wirtschaft, Politik, Kultur und Sozialwesen verbunden. Spuren und Zeugnisse davon sind allenthalben anzutreffen, ohne daß man sich heute noch in jedem Falle deren einst kirchlichen Ursprungs bewußt wäre.

Wir sind es gewohnt, die Symbole, Zeichen und Gestalten des Glaubens abgebildet zu sehen, wir stehen bewundernd vor Bauwerken, die den Glauben einst verherrlichten, und lassen uns anrühren vom Gehalt der Musik, die zum Lobe Gottes geschaffen worden ist.

In der Kunst hat sich der Mensch die Möglichkeit geschaffen, seinem Denken und Fühlen, seinem Handeln und Wollen dauerhaften Ausdruck zu verleihen. Doch auch Kunstwerke überdauern weltanschauliche, politische und sonstige Wandlungen ebensowenig unangefochten wie alle anderen Produkte menschlicher Tätigkeit. Daher ist jede Überlieferung lückenhaft.

Desto wertvoller ist das, was die Zeiten überdauerte und erhalten blieb. Es bereichert die Gegenwart, ist Quell von Erkenntnis und Herausforderung.

Mit diesem Erbe erweist sich die Geschichte der Kirche als ein problembeladener Weg menschlichen Schöpfertums im Kampf zwischen Tradition und Fortschritt.

Zu einem Zeitpunkt, da die antike römische Gesellschaft in die Krise geriet und die Ausrottung des Christentums gescheitert war, erlangte die christliche Kirche nach anfänglicher Duldung schließlich reichsrechtliche Anerkennung. Mehr noch: Der Kaiser machte sie zu seiner Kirche. Als Kaiserkirche konnte sie nunmehr keine anderen Religionen oder Kulte neben sich dulden.

Diese Entwicklung beeinflußte nicht nur die Sitte und den Kultus, sondern auch die Kunst. Sie entfaltete sich zu unerhörter Pracht. Die aus der jüdischen Tradition kommende Bilderlosigkeit des frühen Christentums war überwunden. Alles Augenscheinliche, Sinnfällige wurde nun betont. Ohne Bruch wurden die heidnisch-antiken Traditionen mit den Inhalten der christlichen Religion erfüllt.

Es gehört zu den seltenen Glücksfällen der Geschichte, daß sich in den Buchmalereien der sogenannten Quedlinburger Itala dieser Wandel im Kontext eines bedeutenden Zusammenhanges erhalten hat: Die Szenen werden in Streifen geordnet, die zarten Farben, die verschwebenden Bewegungen und Gebärden der Gestalten sind Ausdruck einer morbiden Kultur. Nichts unterscheidet diese Malerei von den Innendekorationen luxuriöser Räume späthellenistischer Kunst. Nur da, wo Themen aufgegriffen wurden, die dem heidnisch Denkenden nicht geläufig waren, ist etwas von christlicher Eigenart zu spüren: Das Brotwunder, der gute Hirte oder das Abendmahl mußten ihm notwendigerweise fremd erscheinen.

Die Itala vertritt einen bestimmten Typus der altlateinischen Bibelhandschriften. Die Bibel als das kanonisierte – im Glauben verbindliche – Buch mit dem

Erzengel Michael
Elfenbeinschnitzerei
9. Jahrhundert
Leipzig, Museum des Kunsthandwerks

Worte Gottes prägte die Zukunft der Kirche. Sein Gebrauch bewahrte die Gemeinden davor, Irrlehren anzunehmen oder sich häretischen Abseitigkeiten hinzugeben. Sie vereinigt die Schriften des Alten Bundes, an denen die Kirche festhielt, mit den Evangelien, den Schriften der Apostel und Schüler Jesu. Im Laufe der Zeit wurde dieses Buch mit einer großen Zahl von Fehlern befrachtet, die den Gebrauch der Bibel erschwerten. Unter Papst Damasus I. (366–384) wurde Hieronymus (345–420) mit der Revision der Texte beauftragt. Die aus dem Hebräischen besorgte Neuübersetzung des Alten Testamentes und die Revision der Schriften des Neuen Testamentes ergaben einen Bibeltext, der sich seit dem 7./8. Jahrhundert in der katholischen Kirche allgemein durchgesetzt hatte. Er wird als Vulgata bezeichnet. Ihr kam in der Zukunft für die Entwicklung der Kunst große Bedeutung zu.

Die Bibel wurde das Staatsbuch im karolingischen Imperium. Seine Stabilität, seine Macht und Stärke konnten auf die Dauer nur garantiert werden, wenn die Kirche in den Dienst der imperialen Politik gestellt wurde.

Dazu gehörte auch, daß Kaiser Karl der Große eine einheitliche, von Fehlern weitestgehend befreite Bibelausgabe fordern mußte. Sie sollte nicht nur die Grundlage der von Karl stark geförderten Predigt sein, sondern auch auf den Reichstagen Verwendung finden können. Der angelsächsische Mönch Alkuin wurde mit der Revision betraut. 796 wurde er Abt von St. Martin in Tours. Diese Abtei stieg zur führenden Bildungsstätte im Reich auf. Nachfolger wurde seit 807 sein treuester Schüler Fridegisius.

Karl der Große hatte schon frühzeitig über sein Imperium ein weitverzweigtes und gut ausgebildetes Netz von Kloster-, Dom- und Stiftsschulen gelegt. Hier sollte der Klerus gebildet und der geistliche Nachwuchs herangezogen werden. In Echternach und auf der Insel Reichenau, in St. Gallen, Fulda, Metz und Aachen hatten die bedeutendsten ihren Sitz. Die lateinischen Wissenschaften, die »Septem artes liberales«, wurden gelehrt, für die im argen liegende Liturgie wurden vereinheitlichende Richtlinien geschaffen, die später von Rom selbst angenommen werden sollten. Unentwegt waren in den Scriptorien die Schreiber und Miniatoren tätig, um die für den Dienst am Altar notwendig gebrauchten Bücher zu erstellen. Jede Kirche und jedes Kloster mußte eine größere Menge von ihnen besitzen, da für jeden Teil der Messe, für die zu lesenden Gebete oder die notwendigen Gesänge gesonderte Bücher gebraucht wurden.

Sakramentar, Evangeliar oder Evangelistar und das Epistolar waren die wichtigsten. Enthielt das Sakramentar die während der Messe vom Priester zu sprechenden Texte und Gebete, so vereinigten die Evangeliare die für die Lesungen vorgesehenen Bibeltexte. Den Evangeliaren kam besondere Bedeutung zu. In den Evangelien wurde Christus als gegenwärtig, gleichsam anwesend gedacht. Nur so ist es zu verstehen, daß diese Bücher bei Konzilien auf einem Thron ausgelegt

Karl der Grosse (768–814)
Silberdenar, Köln

Ludwig der Fromme
(814–840)
Silberdenar, Dorestad

und daß sie beim Leisten von Eiden und Schwüren benutzt wurden. So ist auch der Reichtum der Ausstattung zu verstehen. Kostbare Purpurfarbe taucht die Blätter in tiefes Rot, aus dem die mit Gold- oder Silberfarbe gemalten Initialen hervorleuchten. Reiches Band- und Flechtwerk verschlingt sich zu kunstvollen Gebilden, Tierleiber und Vogelköpfe ordnen sich den Gesetzen des kalligraphischen Linienspiels unter. Dieser ornamentale Reichtum in den Handschriften ist auf angelsächsische und irisch-keltische Einflüsse zurückzuführen. England besaß in dieser Zeit eine in hoher Blüte stehende Buchkultur. Das geistige Leben der insularen Mönche wurde rasch aufgenommen, auch die Beziehungen des Missionsbischofs Bonifatius zum karolingischen Hof begünstigten diese Entwicklung. Ebenso mag der Bilderstreit einen entscheidenden Anteil an dieser Entwicklung gehabt haben. In den Libri Carolini verwarf Karl ausdrücklich die auf dem Konzil von Nicäa 787 wiederhergestellte Bilderverehrung.

In den Handschriften der Schule von Tours wird das abstrakte Linienornament erst in später Zeit durch das Bild mit figürlicher Darstellung verdrängt. Da, wo diese sich das Feld erobert hat, ist sie vom antiken Vorbild geprägt. Nicht nur die Buchmalerei, auch die Goldschmiedekunst und vor allem die Elfenbeinschnitzerei haben ihr in hohem Maße Anregungen zu verdanken. Von der letzteren zeugt ein im Tafelteil abgebildetes, chrakteristisches Beispiel, die in Elfenbein geschnittene Darstellung des Erzengels Michael. In der Schönheit der Proportionen, der Selbstverständlichkeit des Linienflusses und der Monumentalität der Bildauffassung klingt in diesem Bildwerk antike Tradition auf das lebendigste nach. Die Leipziger Tafel gehört zu den ältesten und schönsten Zeugnissen der von Karl dem Großen in den Werkstätten seines Reiches nachhaltig geförderten Elfenbeinschnitzerei.

Der heilige Michael gilt als Anführer der himmlischen Heerscharen im Kampf gegen das Böse. Ihm zu Ehren wurden Taufkapellen errichtet, sein Bild wurde auf Fahnen in die Schlachten getragen. Man weihte ihm die Türme von Kirchen, damit das Böse nicht in die Gotteshäuser eindringen könne.

Alle genannten Künste waren befähigt, die in der Antike hauptsächlich der monumentalen Plastik zugedachten Aufgaben zu erfüllen. Repräsentation, Monumentalität zu vermitteln war ihr wichtigstes Anliegen.

Es ist die Repräsentation des Fernen, des Unwirklich-Wirklichen, die Repräsentation des Göttlichen, denn Gott erschien nicht nur als der Herr des Himmels, sondern vor allem auch als der Stifter der irdischen Macht des Kaisers. So wie Christus den Teufel besiegte, so ist der Kaiser von Gott ermächtigt, die Heiden zu besiegen. Es ist die dem Kaiser auferlegte Pflicht, den Schutz der Kirche zu garantieren.

Im karolingischen Imperium war die Kirche zur Staats-, zur Reichskirche geworden.

Quedlinburger Itala
2. Hälfte 4. Jahrhundert
Deutsche Staatsbibliothek

Die Fragmente des ältesten erhaltenen Beispiels christlicher Buchmalerei wurden 1865 in Magdeburg und 1869 in Quedlinburg als Deckelbezüge von Quedlinburger Stiftsrechnungen und einem Quedlinburger Polizei-Edikt aufgefunden.

Wie diese kostbare Handschrift nach Quedlinburg gelangte, ist nicht mehr mit Sicherheit nachzuweisen. Otto I. und Otto II., die 972 mit ihren Gemahlinnen Adelheid und Theophano in St. Gallen weilten, könnten dort diese Handschrift als das eines Kaisers würdige Geschenk erhalten haben.

Die Itala ist nicht nur ein wichtiges historisches und kunsthistorisches Dokument, sondern auch ein wertvolles Zeugnis in der Entwicklung der Buchschrift. Die Handschrift zeichnet sich durch vollendet beherrschte Kalligraphie der kapitalen Unzialschrift aus.

Die Ornamentik dieser Arbeit lehnt sich eng an die Tradition der Buchmalerei an. Die Krümme steht in der Bonifatius-Tradition. 733 begann Bonifatius eine ausgedehnte missionarische und kirchenorganisatorische Tätigkeit in Hessen und Thüringen. Papst Gregor III. hatte dem Friesenmissionar die erzbischöfliche Würde verliehen, die ihn zur Stiftung neuer Bistümer berechtigte. So wurde auch das Bistum Erfurt von Bonifatius gegründet.

FRAGMENT
EINER BISCHOFSKRÜMME
Bein, 8. Jahrhundert
Erfurt, Angermuseum

Evangeliar

Halberstadt, Domschatz

9. Jahrhundert

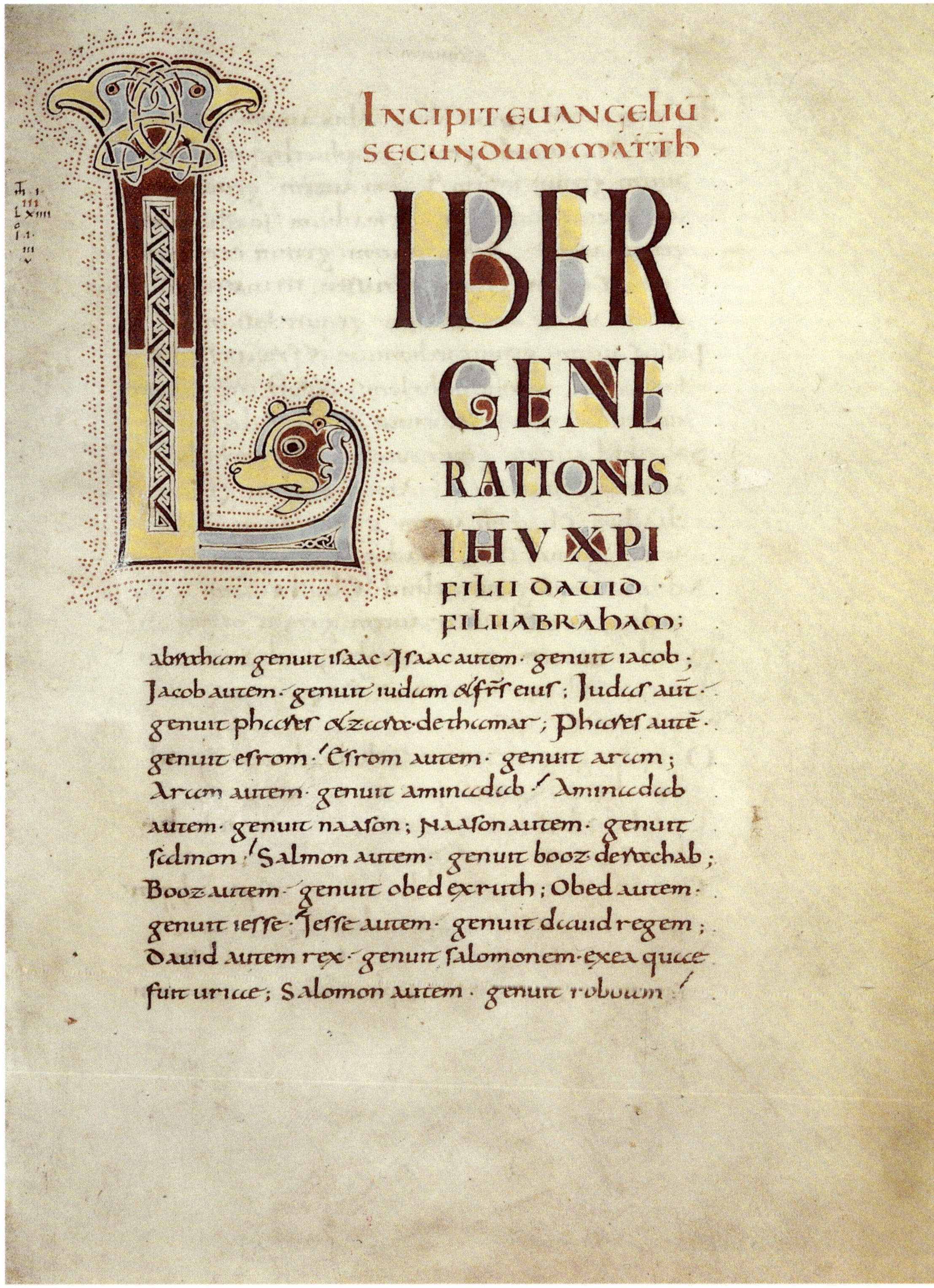

INCIPIT EUANGELIU SECUNDUM MATTH

LIBER GENERATIONIS IHU XPI FILII DAUID FILII ABRAHAM;

abraham genuit isaac · Isaac autem · genuit iacob ;
Iacob autem · genuit iudam et fratres eius ; Iudas aut
genuit phares et zaram de thamar ; Phares aute ·
genuit esrom · Esrom autem · genuit aram ;
Aram autem · genuit aminadab · Aminadab
autem · genuit naason ; Naason autem · genuit
salmon · Salmon autem · genuit booz de rachab ;
Booz autem · genuit obed ex ruth ; Obed autem ·
genuit iesse · Iesse autem · genuit dauid regem ;
Dauid autem rex · genuit salomonem ex ea quae
fuit uriae ; Salomon autem · genuit roboam

Die von den irischen Missionsmönchen auf das Festland gebrachte Schreibkunst wurde zu einem wichtigen Anreger für die Tätigkeit der karolingischen Kloster-Schreibschulen. Die phantastischen Tierornamente sind augenfälligstes Merkmal der Miniaturen, vor allem der großen Initialen. Punktreihen, Tierköpfe und Flechtwerk gehören ebenfalls zu den charakteristischen Kennzeichen.

Beginn des Lukas-Evangeliums
Beide Seiten sind vollkommen mit Purpur gefärbt. Diese Tatsache und die Verwendung von Silber und Gold für die Buchstaben lassen auf einen hochangesehenen Besteller und eine reiche Klosterschreibschule schließen. Wahrscheinlich ist die Handschrift in Niedersachsen entstanden. Die ornamentale Bandverschlingung ist charakteristisches Merkmal spätkarolingischer Buchmalerei.

EVANGELIAR
Anfang 10. Jahrhundert
Leipzig, Universitäts-bibliothek

Der Allelujah-Gesang, der zum Lobpreis Gottes angestimmt wird, ist ein wesentlicher Bestandteil des Gregorianischen Chorals. Die Auf- und Abwärtsbewegung der Hand des Vorsängers führte dazu, daß die schwierigen Melodien mit Hilfe der nach ihnen schriftlich geformten Zeichen fixiert werden konnten. Es entstanden die Neumen (»Winkzeichen«) als Vorläufer unserer Notenschrift. Die Neumen wurden seit dem 10. Jahrhundert in den Textsammlungen der liturgischen Gesänge verwendet. Die Methode der Melodiefixierung wurde unbedingt notwendig, um die kirchlichen Gesänge in den eroberten und christianisierten Gebieten fest einzubürgern.

Regino von Prüm
De harmonica institutione
10. Jahrhundert
Leipzig, Universitätsbibliothek

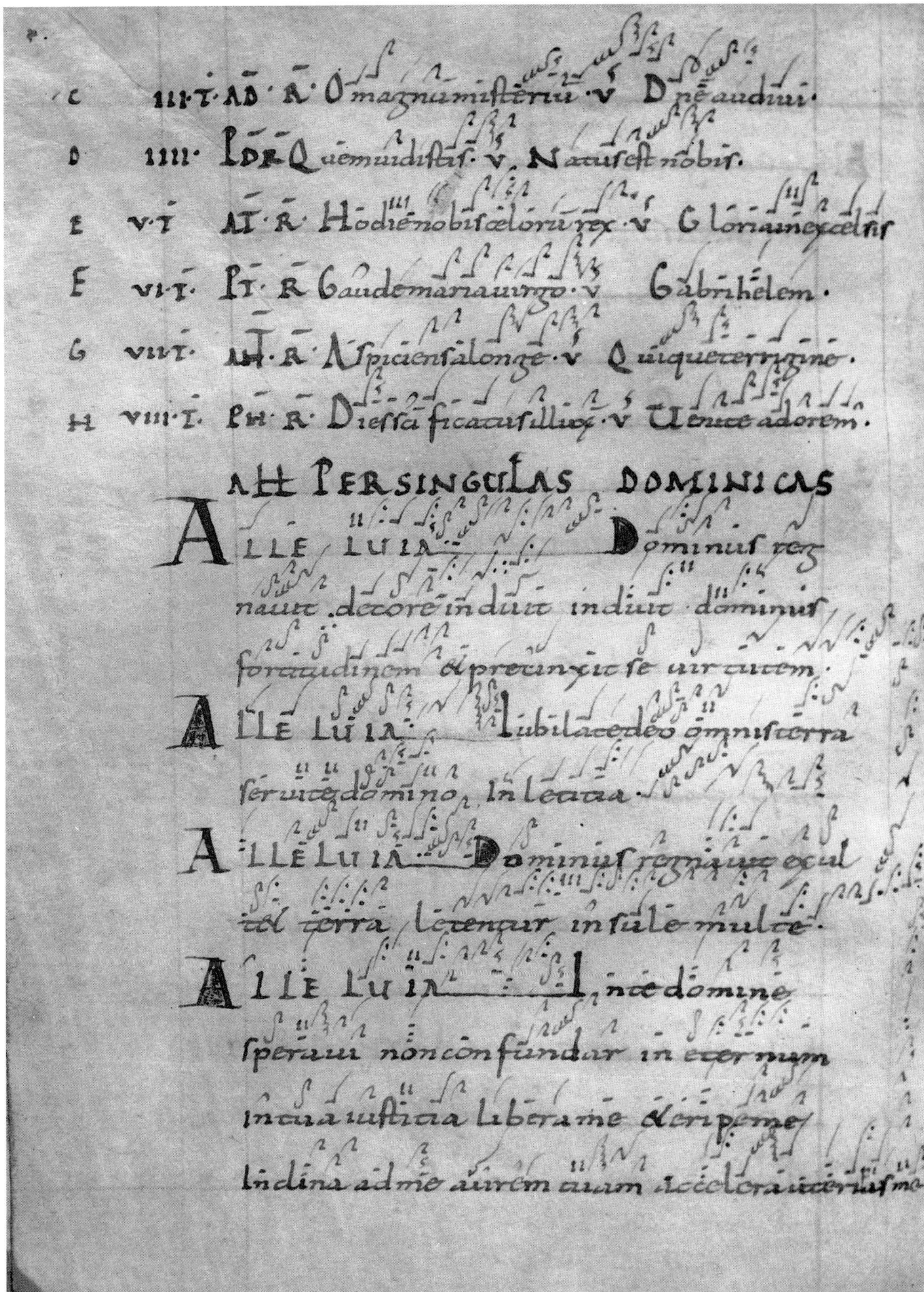

Die Handschrift gehört zu den ältesten erhalten gebliebenen Handschriften der Schule von Tours. Begründer dieser Schule war Alcuin, der 796 seine Tätigkeit am Hofe Karls des Großen zugunsten der mächtigen Abtei von St. Martin in Tours aufgegeben hatte. Die Handschrift entstand unter seinem Nachfolger Abt Fredegisius.

Vita des heiligen Martin
Anfang 9. Jahrhundert
Halle, Universitäts-bibliothek

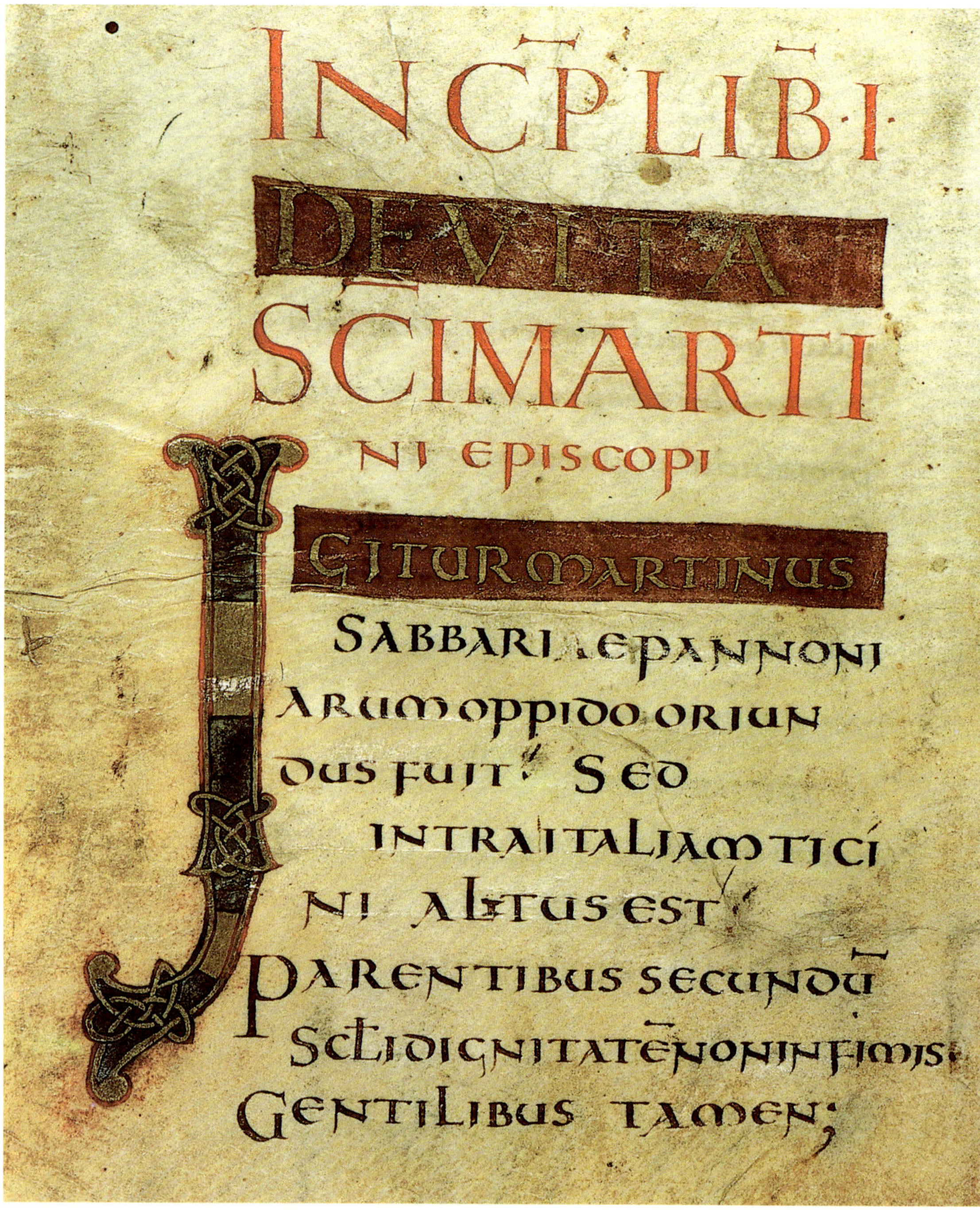

Merseburg war im frühfeudalen Frankenreich ein wichtiger Missionsstützpunkt. 806 wurden in Halle und Magdeburg Militärkastelle errichtet. Das in althochdeutscher Sprache überlieferte Bekenntnis zum dreieinigen Gott stellt ein einzigartiges kirchenpolitisches Dokument dar. Die Übersetzung lautet:

Fränkisches Taufgelöbnis

10. Jahrhundert
Merseburg
Domstiftsarchiv

Entsagst du dem Teufel?
Ich entsage.
Entsagst du den Werken
und Wünschen des Teufels?
Ich entsage.
Entsagst du allen Opfern
und dem Kult an die Götter,
die die Heiden zum Kult
und zu Göttern haben?
Ich entsage.
Glaubst du an Gott,
den allmächtigen Vater?
Ich glaube.
Glaubst du an Christus,
Gottes Sohn, den Retter?
Ich glaube.
Glaubst du an den Heiligen
Geist?
Ich glaube.
Glaubst du an den allmächtigen
Gott in Dreiheit und Einheit?
Ich glaube.
Glaubst du an die heilige
Kirche Gottes?
Ich glaube.
Glaubst du an Sündenvergebung
durch die Taufe?
Ich glaube.
Glaubst du an ein Leben
nach dem Tode?
Ich glaube.

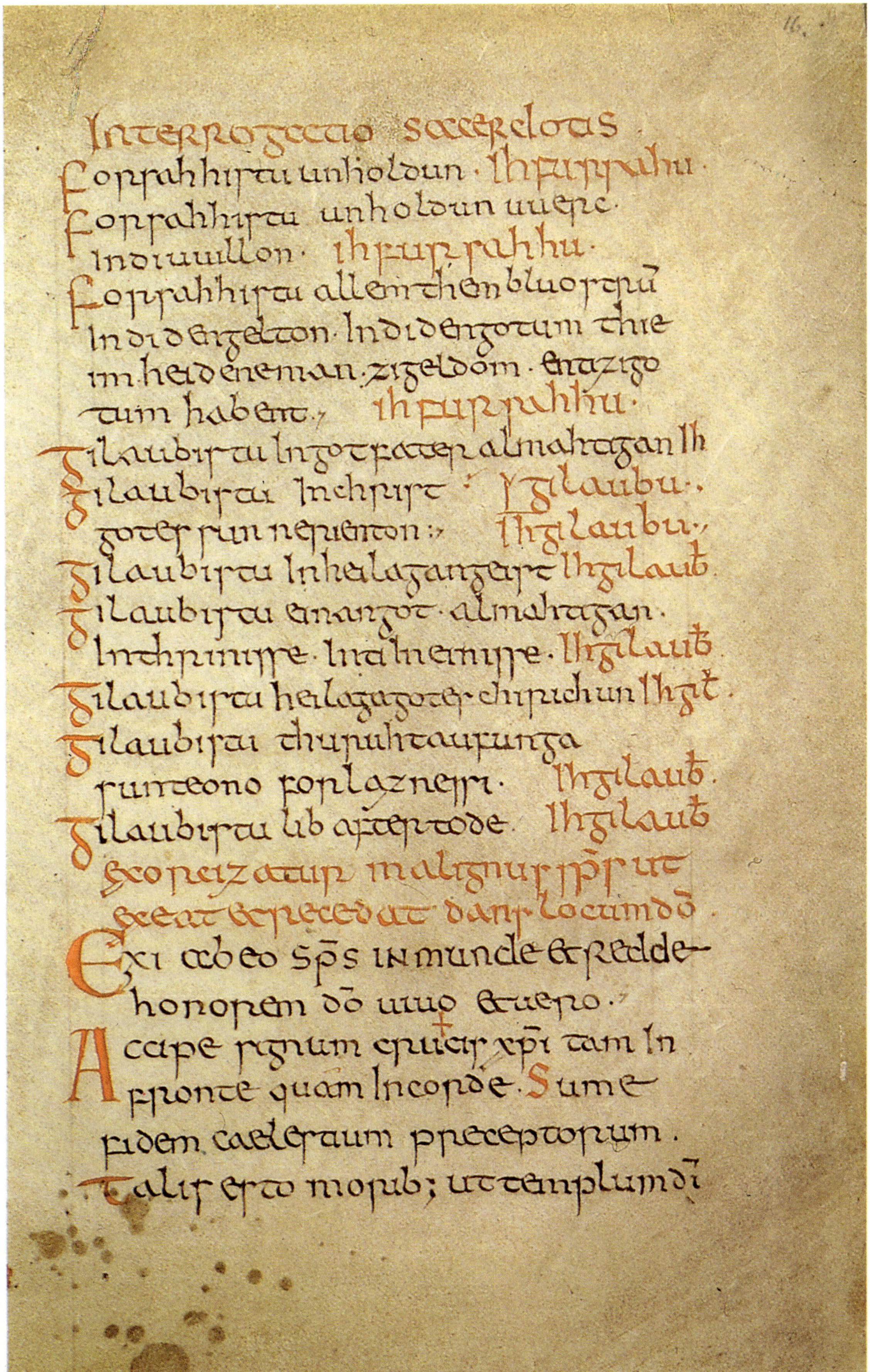

2.

Ecclesia auctoritatis – *Ottonisch-salische Reichskirche*

So rasch, wie sich unter den universalen Ideen Karls des Großen der Aufstieg der Kirche vollzogen hatte, so unaufhaltsam war nach seinem Tode ihr Zerfall eingetreten.

Die weltliche Zentralgewalt blieb nicht mehr bestehen, 843 wurde im Vertrag von Verdun das Ende des Karolingerreiches besiegelt. Politischer und kultureller Niedergang war die Folge. Dieser Prozeß wurde durch die Einfälle der Ungarn, Normannen und Sarazenen beschleunigt. Das Land war verheerenden Verwüstungen ausgesetzt, Kirchen und Klöster wurden geplündert und niedergebrannt. Ein übriges taten die sich befehdenden und zunehmend an Macht gewinnenden adligen Gewalten: Sie erbeuteten Kloster- und Kirchengut und besetzten die Klöster zumeist mit Laienäbten. Damit war die mönchische Ordnung dem Verderben preisgegeben.

Mit dem Aufkommen der Stammesherzogtümer verlagerte sich das politische Schwergewicht immer mehr in die östlichen Teile des Reiches. Nach dem Aussterben der Karolinger gelang es den Sachsen, die Macht an sich zu bringen. Unter Heinrich I. und Otto I. erstreckte sich ihr Gebiet von den Rheinlanden im Westen nach Holstein im Norden, es umfaßte im Süden Westfalen und die Gegenden um den Harz und wurde im Osten von Elbe und Saale begrenzt.

Hier wurde eine große Zahl fester Plätze angelegt: neben Goslar, wo das Silbererz gefunden wurde, ragen Quedlinburg und Merseburg, die Lieblingspfalzen Heinrichs I., Meißen und Magdeburg, Zeitz und Naumburg sowie Memleben hervor.

Um die Zentralgewalt im Reich erneut aufrichten zu können, mußte sich Otto auf die Kirche stützen. Damit war garantiert, daß der Einfluß des Kaisers auf die Kirche und ihre Position gegenüber den Ansprüchen des hohen Adels sichergestellt war.

Auf dieser Basis wurden in den eroberten slawischen Gebieten Bistümer errichtet, die mit Lehen und weltlichen Rechten ausgestattet waren: 948 Brandenburg und Havelberg; Meißen, Merseburg und Zeitz folgten. 955, nach dem Sieg über die Ungarn auf dem Lechfeld, wurde der Ausbau des Domes in Magdeburg in großartiger Form begonnen, 968 das Stift zum Erzbistum erhoben. Die Fürstenmacht der Bischöfe war begründet.

In der Folge setzte eine rege Bautätigkeit in den sächsischen Gebieten ein. Magdeburg entwickelte sich zum bevorzugten Ort, ein zweites Aachen wollte sich der Kaiser hier errichten. Um dem imperialen Anspruch sichtbaren Ausdruck zu verleihen, ließ er im Jahre 962 antike Säulen zur Ausstattung des Domes aus Italien bringen. Der Magdeburger Dom Ottos I. wurde zum Leitbau für die gesamte sächsische Baukunst.

Nördlich des Harzes entstanden die großen Sakralbauten: Gernrode, Quedlinburg, Walbeck, Drübeck und Hadmersleben.

Gernrode
Stiftskirche St. Cyriakus
Ostchor mit Ostquerhaus
um 960

In den Kirchen übernahm man den im karolingischen Imperium gefundenen Grundriß und entwickelte ihn weiter. Besondere Bedeutung erhielt das Westwerk. Es war der Platz für den irdischen Herrscher. Durch die bauliche und liturgische Betonung seines Sitzes in der Kirche dokumentierte er seinen Anspruch auch in ihr. Dieser Wille wurde verstärkt, als nun im Zeitalter des Investiturstreites dem Westbau generell eine Apsis oder ein Westchor vorgelagert wurde. Der Turm wird zum wesentlichen Bestandteil des Kirchenbaus. Die Doppelturmfassade symbolisiert die Macht der Bischofskirche.

Ein wichtiges Kultzentrum innerhalb des Kirchenraumes wurde die Krypta. Ihren Ursprung hatte sie im Märtyrergrabraum des frühen Christentums. Meist unter dem Ostchor gelegen, wurde sie über ihre Bestimmung als Aufbewahrungsort für kostbare Reliquien hinaus nun zum Begräbnisort für geistliche und weltliche Würdenträger. Die Krypta nimmt im Laufe der Entwicklung immer größere Dimensionen an, sie entwickelt sich zur mehrschiffigen »Unterkirche«.

Die Bedeutung des Kirchenbaus in den sächsischen Landschaften wird durch den Reichtum der Formen und Details unterstrichen. Die einfache Reihung der Säulen weicht dem Wechsel von Pfeiler und Säule, im ornamentalen Schmuck zeigt sich die Kenntnis römisch-ravennatischer Traditionen. Die Verbindungen der Salier zu Italien ließen vor allem in Quedlinburg die Stiftskirche in einer Prachtentfaltung entstehen, die sich durchaus mit dem Kaiserdom in Speyer messen konnte.

An den großen Bischofssitzen entstanden neue, von nachhaltiger Ausstrahlungskraft geprägte Pflegestätten der Bildung und Kultur. Die Klöster an der Mosel und im Maasgebiet übernahmen die Führung. Hier trugen Goldschmiedekunst und Elfenbeinschnitzerei reiche Früchte. Die wiederhergestellte Kaisermacht und die erstarkte Geistlichkeit, die zumeist mit dem Herrscherhaus verwandtschaftlich verbunden war, bestimmten den Charakter der künstlerischen und geistigen Entwicklung im Reich. Durch die Verbindung des sächsischen Herrscherhauses mit dem byzantinischen Kaisertum (972 heiratete Otto II. die byzantinische Prinzessin Theophano) flossen nachhaltige Anregungen aus dem oströmischen Kulturkreis ein. Sie brachten nicht nur großen Reichtum, sondern auch die Kenntnis neuer Techniken. Zahlreiche im Auftrage des Kaisers entstandene Prachtcodices und Goldschmiedearbeiten befinden sich noch heute in den Quedlinburger und Halberstädter Kirchenschätzen.

Die Buchillustration vermittelt heute in unveränderter Form Bildcharakter und Farbigkeit der fast vollständig verlorengegangenen Wandmalerei.

Deren Aussehen wandelt sich. Die Malweise wird flächiger, das zeichnerische Element stärker betont. Die Farbigkeit erfährt eine fast expressionistische Steigerung. Das Anlehnen an die spätantike Malweise ist überwunden. Diese Bilder strahlen leidenschaftliche Inbrunst und religiöse Strenge aus. Ihr Themenkreis

Tragaltar, Merseburg
12. Jahrhundert, Details

48

erweitert sich. Verstärkt finden Darstellungen aus der Apokalypse und dem Weltgericht Eingang in die Handschriften. Es ist die Zeit, in der das Kaisertum überzeugt ist von der göttlichen Autorisierung seines Herrschaftsanspruches. Der Kaiser betrachtete sich als Stellvertreter Christi. Der Glaube an den Anbruch des nahen Weltenendes und die Errichtung des Gottesreiches auf Erden bewegte die Gemüter.

Es war aber auch die Zeit, in der vom Kloster Cluny aus ein neuer Reformgedanke die abendländische Kirche ergriff und die religiöse Erregung ungeheuer anfachte. Von hier aus wurde die Reform des Papsttums bewirkt. Der Einfluß Clunys erreichte in der 1. Hälfte des 11. Jahrhunderts seinen Höhepunkt. Ziel der Reform war die Überwindung alles Irdischen und Sinnlichen durch die Wiederherstellung der alten Klosterzucht. Schärfste Askese, unnachgiebige Buße und rückhaltloser Gehorsam waren die unabdingbaren Voraussetzungen, um dieses Ziel zu erreichen.

Unter Heinrich III. (1039–1056) verbreitete sich die Reformbewegung über das ganze Reich. Mönche von Cluny wurden von den Bischöfen zur Wiederherstellung der Ordnung in den Klöstern gerufen. Zahlreiche Neugründungen nach der strengen Benediktinerregel waren die Folge. Diese Klöster sollten zu einer geistigen Macht anwachsen, die schließlich die fürstliche Macht der Bischöfe ergänzte. Diese hatten politische Herrschaftsrechte erhalten. Sie wurden vom König mit dem Stab belehnt, seit Heinrich II. (1002–1024) auch mit dem Ring. Dieser Akt war äußeres Zeichen für die Ehe, die der Geistliche mit seiner Kirche eingegangen ist.

Der Gedanke, daß ein weltlicher Herrscher einen Bischof mit dem Amt belehnte, mußte dem Reformmönchtum unerträglich sein. Die cluniazensische Reform, die anfangs nur auf die Erneuerung mönchischen Lebens gerichtet gewesen war, nahm seit der ersten Hälfte des 11. Jahrhunderts kirchenpolitische Dimensionen an: Die Ordnung in der Kirche mußte wiederhergestellt, der Einfluß der Laien unterbunden werden. Das Papsttum schickte sich an, sich vom Einfluß des weltlichen Königtums zu befreien und es unter seine Botmäßigkeit zu bringen. Mit Gregor VII. (1073–1085) kam einer der erfolgreichsten Päpste auf den Stuhl Petri. Er führte den prinzipiellen Kampf um die politische Herrschaft in der Welt. Gewaltig gestärkt ging die kirchliche Macht aus diesem Kampfe hervor.

Unter diesen Bedingungen reifte die Kirchenbaukunst zu großartigem Ausdruck heran. Am Grundriß der dreischiffigen kreuzförmigen Basilika mit der Doppelturmfassade im Westen wurde festgehalten. Das Vierungsquadrat ist das Maß, das die Raumteile bestimmt. Klar werden die Raumkörper zueinander proportioniert, äußere Baumassen und innere Gliederung von gerichteter Festigkeit bestimmt. Der Bau ist in ein System gebunden. Die Kirche wurde als sakrales Zentrum zum glänzenden Repräsentanten feudaler Macht.

49

Gernrode, Stiftskirche
Innenansicht nach Osten

Markgraf Gero ließ die Damenstiftskirche als Witwensitz für seine Schwiegertochter errichten. Die Kirche ist der einzige nahezu unverändert erhalten gebliebene Bau aus der Zeit des sächsischen Kaisertums. In der geschlossenen, abweisenden Außenwand ist der Charakter der Gottesburg zu erkennen. Gernrode lag in der Grenzmark, in der die erbitterten Kämpfe zwischen den Sachsen und Wenden tobten.

Von starker feierlicher Wirkung ist der Innenraum geprägt. 963 weihte Bischof Bernhard von Halberstadt die Kirche, im gleichen Jahre zog Gero nach Rom, um sie dem unmittelbaren Schutz des Papstes zu unterstellen.

Der niedrige Raum ist das früheste Beispiel einer Hallenkrypta in diesem Gebiet.

Gernrode, Stiftskirche
Krypta

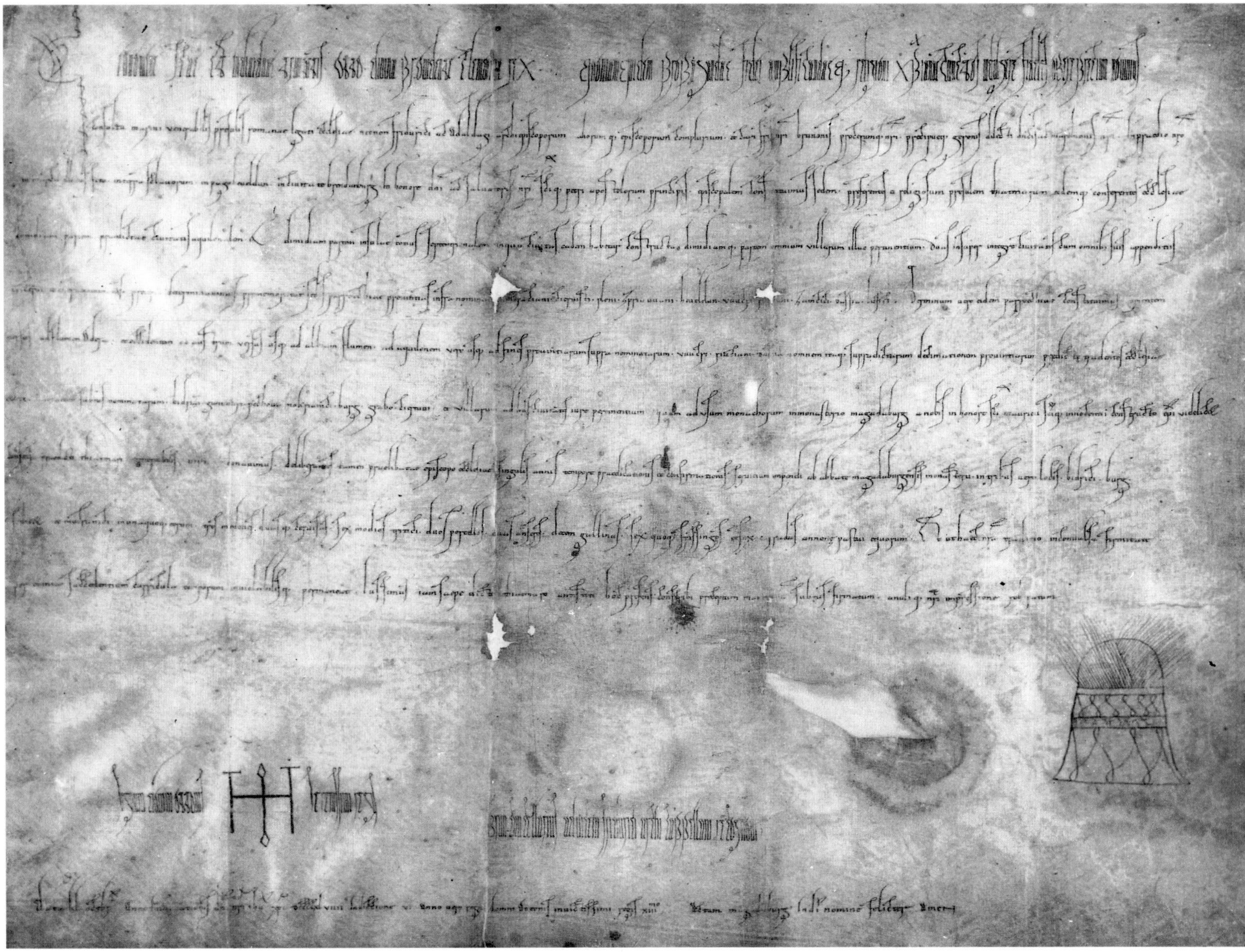

Aus dieser Urkunde, dem ältesten Dokument des Domarchivs, geht hervor, zu welchem Zweck das Bistum geschaffen worden war: »… propagandae fidei amplificandaeque religioni christianae …«, zur Verbreitung des Glaubens und zur Ausweitung der christlichen Religion.

GRÜNDUNGSURKUNDE OTTOS I.
948; Brandenburg
Domarchiv

Halberstadt, Dom
Deckel des Sarkophags
für Bischof Bernhard
(† 968)

Er zeigt noch den älteren, schmucklosen Typus des Grabdenkmals. Bischof Bernhard setzte sich bis zu seinem Tode entschieden dem Lieblingswunsch Ottos I. entgegen, Magdeburg zum Erzbistum zu erheben. Noch 968, unmittelbar nach dem Tode des Bischofs, wurde es gegründet. Damit war der Auftakt zu den jahrhundertlangen Rivalitäten zwischen Magdeburg und Halberstadt gegeben.

Christus-Pantokrator im Schnittpunkt des Kreuzes, das ein byzantinisches Schreibgerät schmückt: Die Qualität der Elfenbeinschnitzerei, die anspruchsvolle Bildaussage (die dazugehörige zweite Tafel mit dem Brustbild eines Kaisers) deuten darauf hin, daß diese kostbare Arbeit vom byzantinischen Kaiser in Auftrag gegeben wurde und Besitz der Kaiserin Theophano war.

Schreibtafel
Elfenbein,
Mitte 10. Jahrhundert
Gotha, Schloßmuseum

Wahrscheinlich entstand diese Tafel als kaiserliches Ehrengeschenk. Sie wurde für den Holzeinband eines kostbaren Codex verwendet, der in der Schreibschule des Klosters auf der Insel Reichenau gefertigt wurde.

Teil
einer Muttergottes-
Ikone
Elfenbein, um 970
Leipzig, Universitäts-
bibliothek

EVANGELISTAR

Reichenau, um 970

Leipzig, Universitäts-bibliothek

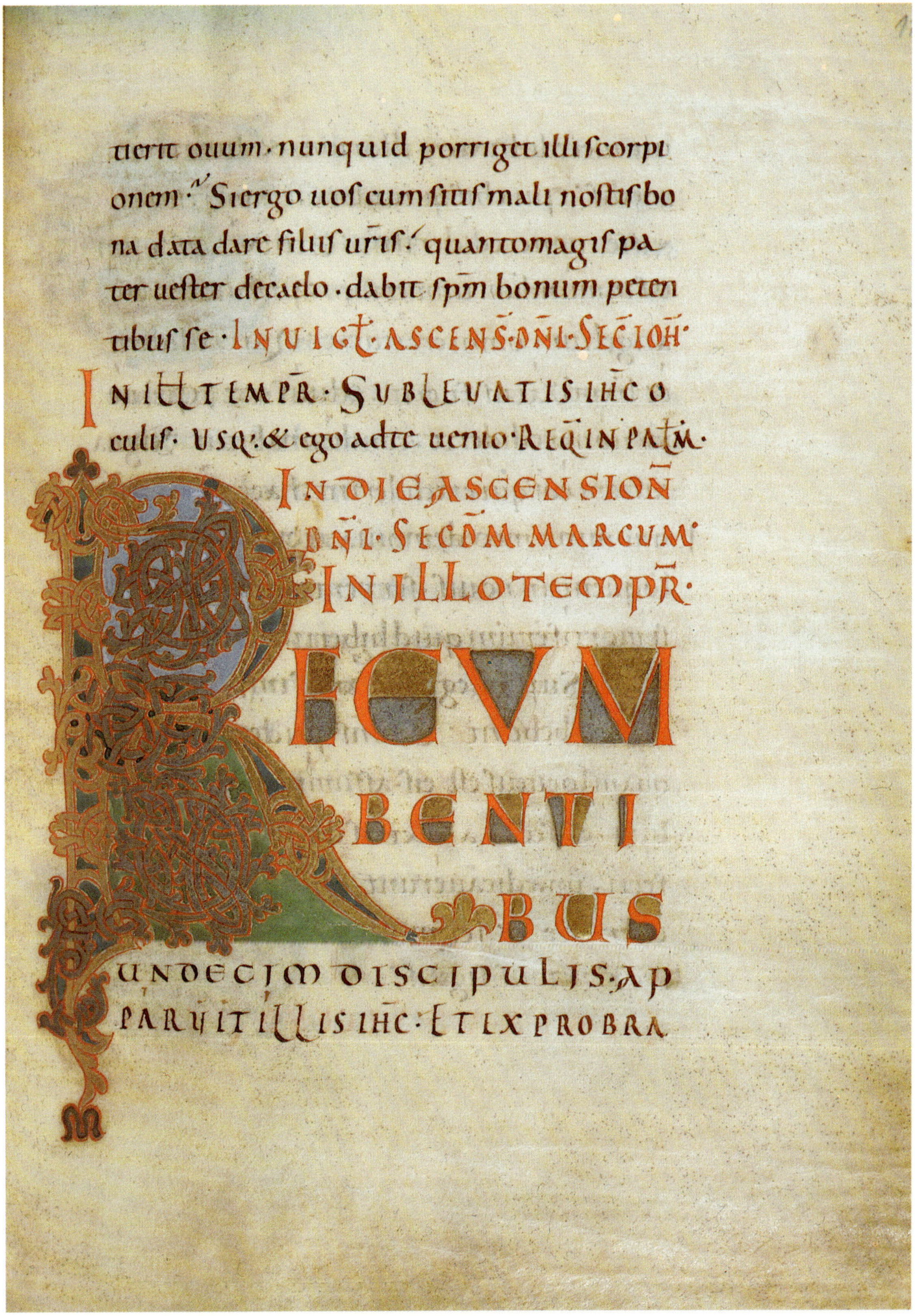

Die enge Abhängigkeit von der Buchmalerei der St.-Gallener Miniatorenkunst wird deutlich. Wahrscheinlich ist dieses Prachtevangelistar zusammen mit dem Perikopenbuch für den Erzbischof Gero von Köln (969–976) entstanden.

Die künstlerische Ausstattung des Evangelistars bildet einen Höhepunkt frühottonischer Buchmalerei. Der Codex Wittekindeus zeugt von einem Gestaltungswillen, der äußeren Aufwand und inneren Anspruch in höchster Vollkommenheit miteinander zu verbinden weiß.

Codex Wittekindeus
Fulda um 970/980
Berlin, Deutsche Staatsbibliothek
Beginn des Markus-Evangeliums

Wegekapelle St. Nicolai in vinculis
Quedlinburg, Stiftskirche
vor 977; Doppelarkade

Diese kleine, ursprünglich am südlichen Zugang zum Burgberg gelegene Kapelle wurde überbaut, als nach dem Tode Heinrichs II. das Gotteshaus zur reichsunmittelbaren Damenstiftskirche erhoben wurde.

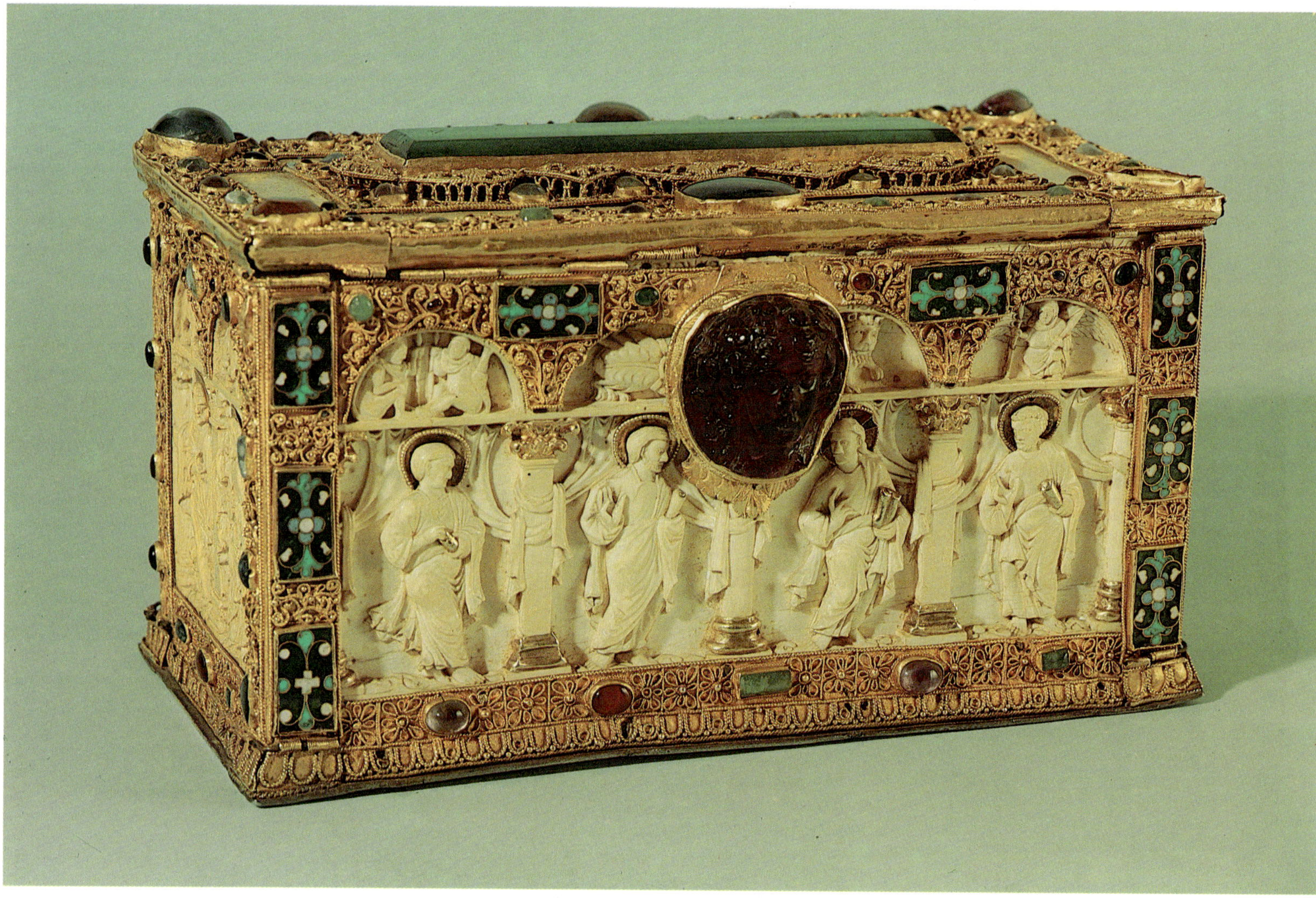

Die Goldschmiedearbeit dieses Schreines gehört zu den wertvollsten dieser Zeit.

Das Hoheitszeichen der Äbtissinnen ahmt noch die Form des einfachen Hirtenstabes nach. Der Filigranschmuck steht in der Tradition gleichzeitiger, im Auftrag der Ottonen entstandener Goldschmiedearbeiten. Er findet sich in ähnlicher Form am Zeremonialschwert der Essener Äbtissinnen.

Elfenbeinkasten, vor 1000
Quedlinburg, Stiftskirche

ÄBTISSINNENSTAB, VOR 1000
Quedlinburg, Stiftskirche

Die Kanonestafeln waren seit karolingischer Zeit zum festen Bestandteil der Evangeliare geworden. Es sind Gegenüberstellungen aller einander entsprechenden Evangelienabschnitte im Sinne von Konkordanztabellen. Sie wurden, obwohl ohne jegliche liturgische Bedeutung, während des gesamten Mittelalters beibehalten. Das Evangeliar wurde in einer rheinischen Schule hergestellt; die Kanonestafeln gehören zu den schönsten ihrer Art.

EVANGELIAR
10./11. Jahrhundert
Weimar, Landesbibliothek

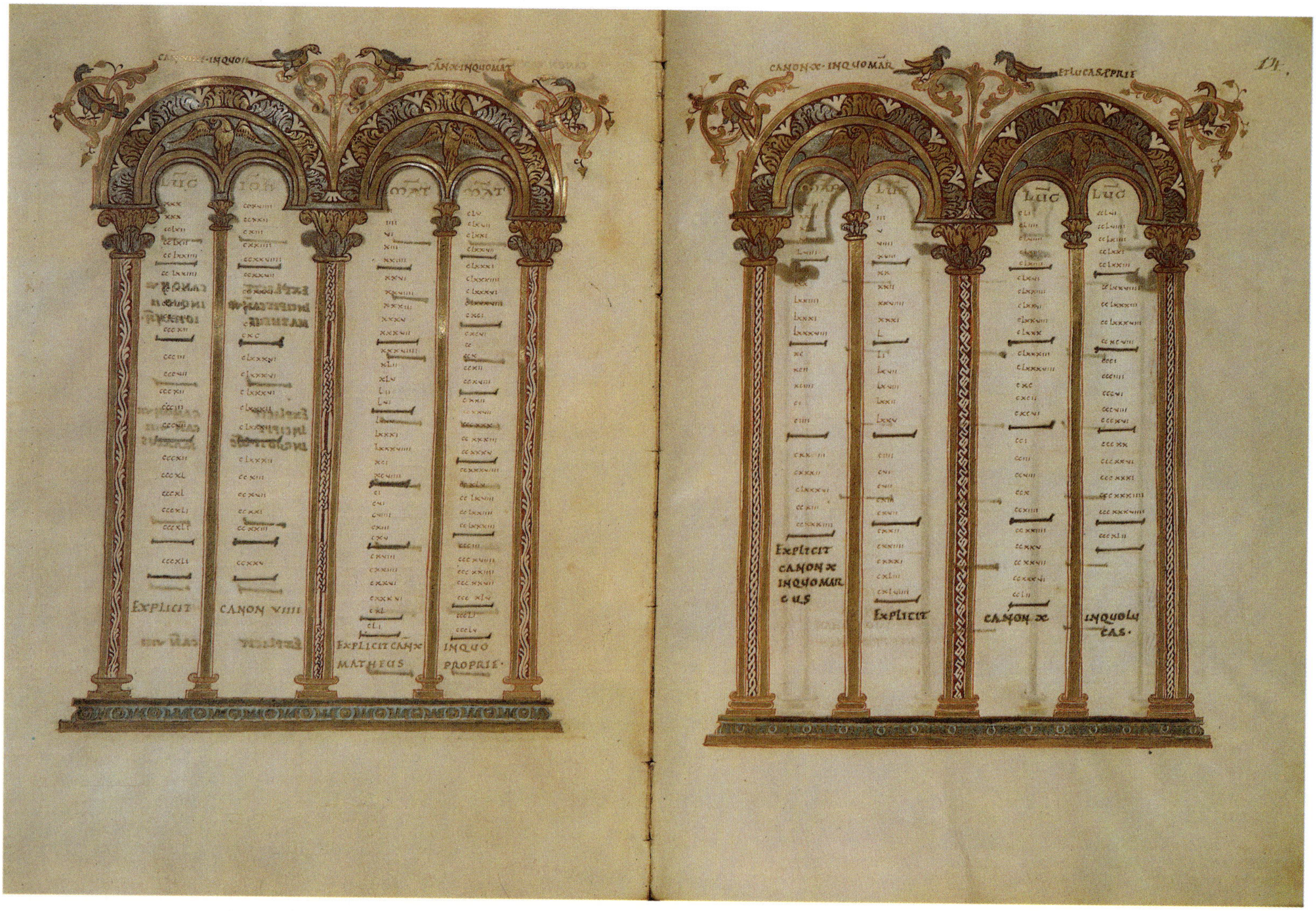

Als 936 das Damenstift gegründet wurde, mußten die auf dem Burgberg ansässigen Kanoniker weichen und sich auf dem Königshof im Tal niederlassen. Die Krypta – sie wurde nachträglich an einen 80 Jahre älteren Bau einer Großkirche angefügt – erweckt den Eindruck betonter Altertümlichkeit. Sie gehört zu den ältesten erhaltenen Umgangskrypten in diesem Gebiet.

KRYPTA DER EHEMALIGEN
STIFTSKIRCHE ST. WIPERTI
QUEDLINBURG
um 1020

60

Aus dem Verlangen, das Unsichtbare sichtbar werden zu lassen, ist die Vision des apokalyptischen Lammes zwischen den vier Wesen in den Mauern des himmlischen Jerusalem Bild geworden. Diese Vision wurde stets als die höchste Offenbarung der Gottheit verstanden. Unter Bischof Siegbert von Minden (1022–1036) gelangte die Malerschule zu hoher Blüte.

Mindener Sakramentar
nach 1022
Berlin, Deutsche Staatsbibliothek

Merseburg, Dom

Krypta

1036–1042

Der zu den ältesten Hallenkrypten Mitteldeutschlands zählende Raum ist nun nicht mehr nur unterirdische Verehrungsstätte eines Märtyrer- oder Heiligengrabes und Aufbewahrungsort von Reliquien, sondern bereits ein vollkommen ausgebildeter Andachtsraum. Bis ins 13. Jahrhundert bestimmte er den Kirchenbau. Das Bistum Merseburg wurde von Heinrich II. gegründet. Er setzte sich damit über die bestehende Kirchenorganisation hinweg.

Die in St. Gallen entstandene Handschrift wurde dem Stift Merseburg wahrscheinlich von Kaiser Heinrich II. geschenkt. In der Initiale des »Te igitur« befindet sich eine eigenhändige Eintragung des Bischofs Thietmar von Merseburg: Sacerdos dei, reminiscere thietmari, confratris tui, peccatoris et indignis – Priester Gottes, gedenke des Thietmar, deines Mitbruders, der ein Sünder und Unwürdiger ist.

SAKRAMENTAR

Anfang 11. Jahrhundert

Merseburg, Domstiftsarchiv

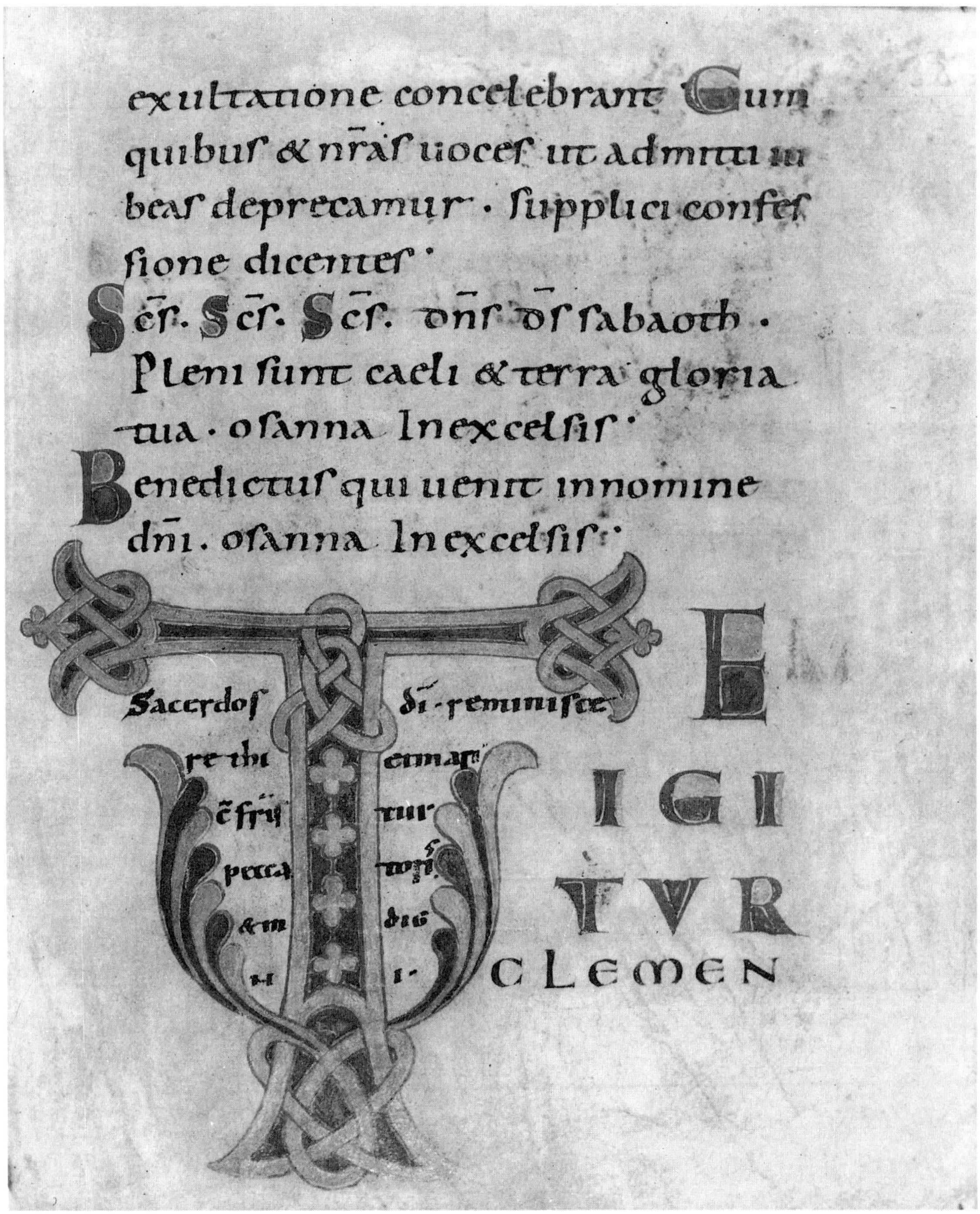
exultatione concelebrant. Cum
quibus & nras uoces ut admitti iu
beas deprecamur. supplici confes
sione dicentes.
Scs. Scs. Scs. dns ds sabaoth.
Pleni sunt caeli & terra gloria
tua. osanna in excelsis.
Benedictus qui uenit in nomine
dni. osanna in excelsis.

Sacerdos di. reminiscere thi etmari cfris tui peccatoris et indignis

TE IGITUR CLEMEN

Burchard II. von Halberstadt (1059–1088) setzte seinen Neffen Herrand als Abt über das Kloster ein. Herrand kam aus Gorze, jenem lothringischen Reichskloster, das ebenfalls eine gegen den kaisertreuen Episkopat gerichtete Reform mönchischen Lebens vertrat. Der »Ordo Ilsenburgensis« behauptete sich in Niedersachsen bis ins 12. Jahrhundert. Von hier aus gingen die Impulse zur Gründung des Klosters Reinhardsbrunn und zur Reformierung des Klosters auf dem Petersberg in Erfurt aus. Der Neubau des 11. Jahrhunderts wurde im 16. Jahrhundert stark verändert.

Ilsenburg
Benediktiner-Kloster-
kirche
Außenansicht von Süden
1078–1087

Als Parteigänger des Papstes 1077 zum Gegenkönig Heinrichs IV. erhoben, fiel Rudolf in Gegenwart der päpstlichen Legaten in der Schlacht bei Hohenmölsen an der Elster. »König Rudolf, gestorben für das Gesetz der Väter, zu beklagen nach seinem Verdienst, ... Während die Seinen siegten, fiel er hier als heiliges Opfer des Krieges. Der Tod ward ihm Leben, er starb für die Kirche.« Die Grabplatte ist das älteste datierbare Bildnisgrab der deutschen Kunst.

GRABPLATTE
RUDOLFS VON SCHWABEN
(† 1080)
Merseburg, Dom

GERNRODE
HEILIGES GRAB

Die Verehrung von Kreuzesreliquien und die Pilgerreisen nach Jerusalem ließen schon seit dem frühen Mittelalter Nachbildungen des Heiligen Grabes entstehen. Es wurde zu einem der segensreichsten Heiltümer. Aber nicht die originalgetreue Gestaltung, sondern allein die Bestimmung verlieh dem Ort die Weihe. Die figürliche Ausstattung des Gernroder Heiligen Grabes ist in Verbindung mit den Osterspielen zu sehen, der ornamentale Dekor im Zusammenhang mit der Heilslehre zu deuten. In ihrem Zentrum steht das kreuztragende Lamm, das die sündige Menschheit von ihrem Übel erlöst.

Gernrode
Heiliges Grab
Sogenannter Metronius
vor 1100
Drei Frauen am Grabe
vor 1100

Die fast lebensgroßen Figuren des Heiligen Grabes gehören zu den wichtigsten Bildwerken dieser Zeit. Die bestimmte Gespanntheit läßt sie noch dem 11. Jahrhundert zugehörig erscheinen.

Halberstadt
Kirche Unserer Lieben Frauen

seit 1088

Langhaus nach Westen

Schon 1005 wurde in Halberstadt ein Augustinerchorherrenstift gegründet. Seit 1088 begann man mit dem Bau einer Basilika. Die großartige Wirkung der in sich ruhenden Geschlossenheit dieses Bauwerkes beruht auf den konsequent umgesetzten Baugedanken des hirsauischen Reformklosters. Die Kargheit des Innenraumes gibt allerdings nicht mehr den ursprünglichen Eindruck wieder. Er beruhte auf der vollständigen Fresko-Ausmalung der Wände.

Gesamtansicht von Osten

QUEDLINBURG
STIFTSKIRCHE
ST. SERVATIUS
Inneres nach Westen

In den politischen Auseinandersetzungen des erbittert geführten Investiturstreites wurde die Stiftskirche in Quedlinburg als heilige Hauptkirche des Reiches in großer Pracht neu errichtet. So ist nicht nur der reiche Schmuck der Kapitelle zu verstehen, sondern auch die Äbtissinnenloge in der durch ihren Dekor hervorgehobenen Westwand. Hier klingt ein seit karolingischer Zeit gebräuchliches Herrschaftsmotiv nach.

Ansicht von Norden
nach 1070–1121

Der reiche ornamentale Schmuck der Säulenkapitelle verbindet in eindrucksvoller Weise die Phantastik dämonenabwehrender Gestalten mit überliefertem Ornament und italienischem Formengut.

QUEDLINBURG
STIFTSKIRCHE
ST. SERVATIUS
Säulenkapitelle

Die Confessio, jener in den Felsen getiefte, halbrunde Raum, der vor 997 als Krypta unter dem Hauptaltar angelegt und erst 1869 wieder freigelegt wurde. Vor ihr befinden sich die Grabstätten Heinrichs I. und seiner Gemahlin Mathilde.

Confessio und Krypta

3.
Ecclesia potens
Reich und Kirche zwischen Kaiser und Papst

Die Hirsauer Reform wird zur Inkarnation der erstarkenden Papst- und Kirchenmacht.

Entschieden und erbittert hatte Gregor VII. den Kampf um die Unabhängigkeit des Papsttums geführt. Seine im Jahre 1075 verfaßten »Dictatus Gregorii Papae«, die auf Augustins Schrift »De Civitate Dei« fußten, haben apodiktisch festgestellt: unumschränkter Herr der Universalkirche ist der Papst. Nur er allein darf Bischöfe berufen oder absetzen, ihm haben sogar die Fürsten die Füße zu küssen, er allein kann den Kaiser seiner Würde entkleiden und die Untertanen vom Treueid entbinden. Papsttum und weltliche Gewalt – sacerdotium und imperium – verhalten sich zueinander wie Sonne und Mond. So wie dieser sein Licht von der Sonne empfängt, so leuchtet auch das Imperium nur durch den Glanz und die Heiligkeit des Sacerdotiums.

1085 war Gregor gestorben. Seine Nachfolger Paschalis II., Gelasius II. und Kalixt II. hatten noch mit dem entschiedenen Widerstand der weltlichen Fürsten, an deren Spitze seit 1106 Heinrich V. stand, zu kämpfen. Erneuerungen des Investiturverbotes, Widerstand der deutschen geistlichen und weltlichen Fürsten gegen die von den Päpsten verlangte Rückgabe der Regalien, Gefangennahme des Papstes, Zusicherung und erneute Zurücknahme der Investitur sowie die Verhängung des Bannes über Heinrich V. (1119) charakterisieren das Hin- und Herwogen der Machtkämpfe. Erst im Wormser Konkordat sollten sie zur Ruhe kommen. Nach diesem Kompromiß konnte der Kaiser die Bischöfe nur noch mit weltlichen Gütern belehnen. Das Recht, sie zu bestellen, hatte er verloren. Auch auf alle Rechte und Regalien für das römische Gebiet hatte der Kaiser verzichtet.

Hort der Gregorianer in Deutschland wurde das Kloster Hirsau. Von hier aus wurden binnen kürzester Zeit in Franken und Schwaben, in Sachsen und Thüringen sowie in Bayern und Kärnten Filiationen errichtet. In ihnen wurde der Geist der alten cluniazensischen Regel mit dem neuen römischen Machtanspruch erfüllt: Zu den bedeutendsten Klöstern in Sachsen gehörten Reinhardsbrunn (1085), Merseburg (1091), Pegau (1096), Paulinzella (1100) und Thalbürgel (1136).

Diese Klöster bestimmten den geistigen und kulturellen Wandel des hohen Mittelalters. In ihnen blühte eine neue Frömmigkeit auf, die Kunstwerke bildete und in den Bauwerken festgefügte Gestalt annahm.

Seit dem 7. Jahrhundert hatten die Benediktiner unablässig danach gestrebt, ihre Klöster immer vollkommener nach ihrer Regel zu gestalten. Vom 8. bis zum 12. Jahrhundert war die »Regula Sancti Benedicti« die herrschende Klosterregel gewesen. Sie fordert von den Mönchen in allen Lebensäußerungen unbedingte Gemeinsamkeit, Demut, absoluten Gehorsam, Keuschheit und Verzicht auf persönliches Eigentum. Die beiden Heiligen Benedikt von Nursia und Benedikt von Aniane schufen das Fundament dieses Gemeinschaftsgeistes. Im Laufe der Zeit mußte die Regel immer wieder umgeändert und neu interpretiert werden, damit

PAULINZELLA
RUINE DER
KLOSTERKIRCHE

das Gebot des heiligen Benedikt erfüllt werden könne. Seiner Weisung entsprechend hatte der Mönch die meiste Zeit des Tages in der Stille zu verbringen. Sie wurde nur unterbrochen von der Gemeinsamkeit der Arbeit, des Essens und Schlafens und der gemeinsam gehaltenen Feier der Liturgie während der acht Gottesdienste oder Offizien. Diese gaben der Nacht und dem Tag die Zäsuren. Sie wurden zur Grundlage des Klosterlebens.

Der Mönch war herausgehoben aus der Ordnung der übrigen Welt. Das Kloster hatte civitas Dei, Stadt Gottes, zu sein. Nur wenn es, nach dessen Prinzipien aufgebaut, seinen Sinn und seine Ordnung entfaltete, vermochte es, die himmlische Glückseligkeit in irdische Gemeinschaft hineinzutragen. Diese Idealität wurde ausgehend von Cluny seit dem 10. Jahrhundert immer wieder gefordert. Sie nahm in der Auseinandersetzung zwischen Papsttum und weltlicher Macht während des 12. Jahrhunderts in der Architektur des Klosters und seiner Kirche Gestalt an.

Die Gotteshäuser wurden aus dem Grundgedanken der altchristlichen Basilika heraus gebaut: Auf die Wölbung wird verzichtet, der Raum durch die flache Decke begrenzt. Der Schmuck der Wände ist betont einfach, ihre Flächigkeit hervorhebend. Als Mittelschiffsstützen werden die Säulen bevorzugt. In enger Abfolge streben sie ohne Zäsur in gleichmäßigem Rhythmus den Ostteilen zu. Hier kulminiert das liturgische Geschehen, hier sind die Altäre konzentriert. Abgesondert von den Konversen, den Laienbrüdern, befindet sich hier die eigentliche Mönchskirche. Gemeinsam ziehen die Mönche in feierlicher Prozession in sie ein. Deshalb befindet sich der Eingang zum Gotteshaus an der Westfront, ist auf den Chor an seiner Stelle verzichtet worden. Ganz der Liturgie zu leben war zur obersten Pflicht des benediktinischen Mönchtums geworden.

Damit hatte die Reform ein Ergebnis, das mit den Erfordernissen der Kirche selbst kollidieren mußte. Die nach der Regel Benedikts lebenden Mönche vernachlässigten Predigt und Mission, die Hauptaufgaben apostolischen Lebens, immer mehr. Für die Aufgaben in den eroberten Gebieten mußten neue Kräfte gewonnen werden. Die Vita canonica, die alle nicht in klösterlicher Gemeinschaft lebenden Kleriker zusammenfaßte, wurde neu belebt. Augustiner-Chorherren und später die Prämonstratenser fanden in den slawisch besiedelten Gebieten ihr Hauptbetätigungsfeld.

In den von asketischer Strenge, von Klarheit und Übersichtlichkeit geprägten Kirchenräumen konnte sich eine neue Frömmigkeit ausleben. Sie entzündete die religiöse Phantasie, versenkte sich in das Leiden des Erlösers, ekstatische Leidenschaften zeugend. Bernhard von Clairvaux (1090–1153), Mönch des Klosters Citeaux, fachte durch seine glühenden Predigten die Massen Europas an, gründete nach der Regel der Mönche von Citeaux 160 Klöster in vielen Ländern Europas, wurde Abt des von ihm mit gestifteten Klosters Clairvaux und stand an der Spitze der Vertreter eines strengsten Mönchtums. Die von der Mystik eines Hugo

Berthold II. (1186–1206)
Silberbrakteaten,
Bistum Naumburg

von St. Viktor (1097–1141) beeinflußten theologischen Gedankengänge dieses Fanatikers hatten das Einswerden der Seele mit der Gottheit zum Ziel. Unter Mißachtung des eigenen Lebens, durch Strenge und Askese sollte die Welt erlöst werden können. Die Klöster und die Kreuzzüge forderten ihren Tribut.

Diese ungeheuren Energien fließen ein in die Bildwerke aus Stein und Erz, aus Holz wie aus Elfenbein. Straff und angespannt werden ihre Formen. Die Miniaturen in den Handschriften, die Fresken an den Wänden werden flächig und linear. Die Geschmeidigkeit ist der Härte, die Lebendigkeit der Stilisierung gewichen. Alles Ziel lag in dieser Zeit im Unsichtbaren, durch das Sichtbare hindurch war es zu erkennen. »Nicht die Schöpfung ist Gottes schönstes Werk, sondern Erlösung und ewiges Leben« (De civitate Dei, Vli, 31 f.).

Die monumentale Kunst erhielt neue Bedeutung. Die farbige Fensterverglasung stellte sich gleichberechtigt an die Seite der Wandmalerei. Nur Weniges ist von ihnen erhalten; die Handschriften müssen auch jetzt wieder Ersatz bieten und uns das Aussehen der großen Fresken und ihre Themen erschließen helfen. Die Scriptorien der Klöster des Harzgebietes stehen auf der Höhe der Zeit. Gleichberechtigt neben der Schule von Hildesheim arbeiten die Miniatoren des Halberstädter Scriptoriums. Seine von ungewöhnlicher Monumentalität und verhaltener Hoheit, gesammelter Strenge und konzentrierter Kraft zeugenden figürlichen Bilder haben ihre Parallelen in den großformatigen Bildern der gewirkten Wandbehänge. Sie sind ihrer Bedeutung nach der monumentalen Malerei gleichzusetzen.

Die oftmals komplizierte Thematik setzte die Betrachtung durch den gebildeten Kleriker voraus. Die Theologie war zunehmend in den Sog leidenschaftlicher Auseinandersetzung und Disputation philosophischer Grundprobleme geraten.

Für den ungebildeten Laien aber vermochten die phantastischen Ungeheuer, die Schöpfungen aus Mensch und Tier, die Symbole an den Kapitellen der Pfeiler und Säulen, in den Bögen der Portale, ein Mittel zur Erklärung der Welt und zur Bestimmung des eigenen Platzes im hierarchischen Weltsystem zu sein.

Im Schoße dieser Entwicklung keimte aber schon allmählich ein Neues heran. Die Kreuzzüge und die Pilgerfahrten in das Heilige Land weiteten den geistigen Horizont. Mit der Machtübernahme durch die Staufer wird ein reger Gedankenaustausch mit Wissenschaft und Wirtschaft, Kunst und Kultur Italiens in Gang gebracht. In Friedrich Barbarossa kam ein Herrscher auf den Thron, der wieder versuchte, den Kampf mit dem Papst um die Weltherrschaft zu bestehen. Alexander III. (1159–1181) nahm diesen Kampf auf und erzwang 1177 im Frieden von Venedig seine Anerkennung durch den Kaiser.

Unterdessen aber sah sich die Kirche auch im Innern vor schwere Konflikte gestellt. Die politische Schwäche des Papstes in Italien und die Verweltlichung des Papsttums forderten die Asketen erneut heraus. Die Rückkehr zur apostolischen Armut schien der einzige Weg zum Heil der Kirche zu sein. Dieses zün-

Erzbischof
Konrad von Mainz
(1161–65, 1183–1200)
Silberbrakteat, Erfurt (?)

79

dende, die Massen erregende Schlagwort blieb für die nächsten Jahrhunderte nicht nur der Grundgedanke der kirchlichen Opposition, sondern ließ auch die monastische Bewegung sich mit neuem Geist erfüllen. In den Kirchen der Zisterzienser und in den Bettelorden fand er seine künftige Ausstrahlungskraft.

PAULINZELLA
RUINE DER
KLOSTERKIRCHE
um 1120
Langhaus nach Westen

Die Klosterkirche Paulinzella ist eines der schönsten und vollkommensten Bauwerke, die der dem Kloster Cluny verpflichtete und von Hirsau aus weitergetragene Reformgedanke hervorgebracht hat. Dem mächtigen Querhaus mit Vierungsbögen, die Triumphtoren gleichen, schließt sich im Osten das aus drei Raumteilen bestehende Presbyterium an. Das östliche Joch des Langhauses bildete der für die Konversen bestimmte Chorus minor, dem Eingang ist die Vorkirche vorgelagert. Die architektonischen und künstlerischen Details zeugen davon, daß Zucht der Gedanken und Disziplin des Handelns das cluniazensische Reformmönchtum beherrschten. Das mehrstufige, in die Tiefe, nach Innen ziehende Eingangsportal, das erste seiner Art auf deutschem Boden, kündet vom überzeugend formulierten Anspruch: Spätantiken Stadttoren nachgebildet, ist es Eingangstor in die Stadt Gottes, das himmlische Jerusalem. Das weltliche Reich wird vom geistlichen geschieden.

Blick durch die Vorkirche auf das Westportal

Paulinzella
Ruine der
Klosterkirche
Südliche Arkadenreihe

Querhaus von Osten
und Langhaus von Südosten

Hamersleben
Augustiner-
Chorherrenkirche
nach 1122
Langhaus nach Osten

Innenansicht von Nordosten

1111 wurde das Kanonikerstift der Augustiner-Chorherren, das Bischof Reinhard von Halberstadt in Osterwieck gegründet hatte, nach Hamersleben verlegt. Der nach einheitlichem Plan errichtete Bau ist der Gesinnung der Reformklöster verpflichtet. Durch ihre vollkommenen Maßverhältnisse, die Qualität und den außerordentlichen Erfindungsreichtum des bauplastischen Dekors gehört die Klosterkirche in Hamersleben zu den reifsten Kirchenbauten dieser Zeit im mittleren Deutschland. In unerhörtem Darstellungsreichtum zeichnet der plastische Schmuck der Säulenkapitelle ein vielfältiges Bild vom Kampf der Welt des Dunklen, Ängste Zeugenden mit der Welt des Lichten, Heil Spendenden.

Hamersleben
Augustiner-
Chorherrenkirche
Säulenkapitelle

MAGDEBURG
KLOSTER
UNSER LIEBEN FRAUEN
nach 1129
Brunnenkapelle

Die Brunnenkapellen der Klosteranlagen sind die kleinsten Zentralbauten des Mittelalters. Ihre Bedeutung liegt nicht nur im monastischen Tagesablauf – hier fanden die Waschungen der Hände und des Hauptes vor den Mahlzeiten statt –, sondern auch im Sinnbild des Wassers für die Heilsgeschichte. Der in der Kapelle ständig fließende Brunnen ist Symbol für die Quelle übernatürlichen Lebens, nach dem der Mensch dürstet und das ihm durch die Taufe verheißen worden ist.

Säulenarkaden der Brunnenkapelle

MAGDEBURG
KLOSTERKIRCHE
UNSER LIEBEN FRAUEN
Grabplatte
des Erzbischofs
Norbert von Xanten

»Norbert, aus Gottes Gnaden Erzbischof der heiligen Kirche in Magdeburg, Gründer des Ordens der Prämonstratenser und Erneuerer dieses ihres Klosters ist unter diesem Marmor begraben. 6. Juni im Jahre des Herrn 1134.«

1126 wurde Norbert von Xanten nach Magdeburg berufen. Unter seiner Leitung wurde der Bau des Klosters vollendet, die ehemalige Benediktinerabtei in ein Kloster für die Kanoniker des Prämonstratenserordens umgewandelt. Es wurde zum zweiten Mutterkloster dieser Klerikergemeinschaft.

Theofried
Blumenbuch
Echternach
um 1100
Gotha, Forschungs-
bibliothek

Das Verständnis von der göttlichen Ordnung läßt die Natur in neuem Lichte erscheinen. Man sucht sie zu erkennen, denn in ihr offenbart sich die göttliche Schöpfung.

Das Blumenbuch des Theofried kündet von dem Heraufdämmern eines neuen Menschentums. Theofried war 1083–1110 Abt der Benediktinerabtei Echternach.

Das Kloster wurde zu einem wichtigen Bollwerk im Kampf gegen die heidnischen Slawen. Die Weihe fand in Anwesenheit von Erzbischof Wichmann und Markgraf Albrecht dem Bären statt.

Leitzkau
Prämonstratenser-Klosterkirche
St. Marien
um 1155
Arkaden im Mittelschiff

In der sogenannten zweiten Ostexpansion zur Christianisierung der Wenden entfaltete das Kloster weitstrahlende Wirksamkeit. Seine Lage auf dem Steilufer oberhalb der Elbe zeichnete es von jeher aus und unterstrich seine strategische Bedeutung. Anregungen aus der hirsauischen Reformarchitektur waren hervorragend geeignet, die Macht Norberts zu demonstrieren. Weithin sichtbares Zeichen ist die beherrschende Dreiturmanlage des Westbaues.

Magdeburg
Klosterkirche
Unser Lieben Frauen
um 1070–1150
Ansicht von Westen

Havelberg, Dom
Westriegel
um 1150

1147 rüstete Albrecht der Bär zum Wendenkreuzzug. »Ausrottung oder Bekehrung« war seine Devise. Alle Missionsabsichten, mit denen das »schlechte und böse Volk« der Wenden zum Christentum bekehrt werden sollte, fielen ihr zum Opfer. 1151 wurde in Havelberg »im Angesicht des Feindes am Turm der Befestigung« gebaut.

Jerichow
Prämonstratenser-
Klosterkirche
nach 1148 bis um 1172
Ansicht von Osten

Wie die großen Stifte in Leitzkau, Havelberg und Brandenburg gehörte auch das Kloster Jerichow zu jenen Niederlassungen, die im Zuge der zweiten Ostexpansion eingerichtet wurden. Ausgangspunkt dieser Entwicklung war das Liebfrauenkloster in Magdeburg. Auch die Architektur der Klosterkirche in Jerichow ist von ihm abhängig, wesentliche Gedanken der hirsauischen Reformklöster wurden übernommen.

Die Exaktheit der bautechnischen Details, ihre Strenge und Monumentalität unterstreichen den Anspruch der Kleriker und lassen darüber hinaus die Klosterkirche in Jerichow zu einem der vollkommensten Sakralbauten in der Mark Brandenburg werden.

Anselm von Havelberg, theologischer Ratgeber Konrads III., war an der Stiftung beteiligt. Zugleich vermittelte er im Investiturstreit zwischen Papst und Kaiser.

Krypta nach Osten

Mittelschiff nach Osten

Bronzegrabplatte
des Erzbischofs
Friedrich von Wettin
(† 1152)
Magdeburg, Dom
Detail

Ohne Porträt im heutigen Sinne zu sein, vermittelt diese Grabplatte das vollkommene Bildnis eines Kirchenfürsten jener Zeit, die von den Machtkämpfen zwischen weltlicher und geistlicher Gewalt gekennzeichnet war. Die Bildkunst ist wie die Monumentalkunst erfüllt vom Bewußtsein des Sieges und der Herrschergewalt der Kirche. Die Bronzegrabplatte gehört zu den besten Leistungen der Bronzegießerei des 12. Jahrhunderts.
Wichmann von Seeburg vermittelte als »Meister des Friedens« 1177 im Frieden von Venedig zwischen Friedrich Barbarossa und Papst Alexander III.

Bronzegrabplatte
des Erzbischofs
Wichmann von Seeburg
(† 1192)

»... Unter der Bedingung, daß der diesem Kloster durch kanonische Wahl vorzusetzende Abt von uns ... geweiht werde und im übrigen, was zum Gottesdienst gehört, uns und unsrer Kirche unterworfen sei ...«, wurde der Gründung des Klosters durch den Bischof von Naumburg zugestimmt. Die von Bertha und Heinrich von Groitzsch gewünschte Klostergründung ist Zeugnis der Auseinandersetzungen zwischen weltlicher und geistlicher Gewalt im Zeitalter des Investiturstreites.

THALBÜRGEL
BENEDIKTINER-
KLOSTERKIRCHE
nach 1142
Langhaus nach Osten

Schottenkirche

Erfurt

Mitte 12. Jahrhundert

Langhaus nach Osten

Das Schottenkloster in Erfurt gehört zu jenen Klöstern, die von irischen Missionsmönchen gegründet wurden. Ihr Mutterkloster lag in Regensburg. Daß die Kirche St. Jakob geweiht ist, läßt vermuten, daß das Kloster ein wichtiger Stützpunkt an der Pilgerstraße nach den heiligen Stätten im Süden und Osten war.

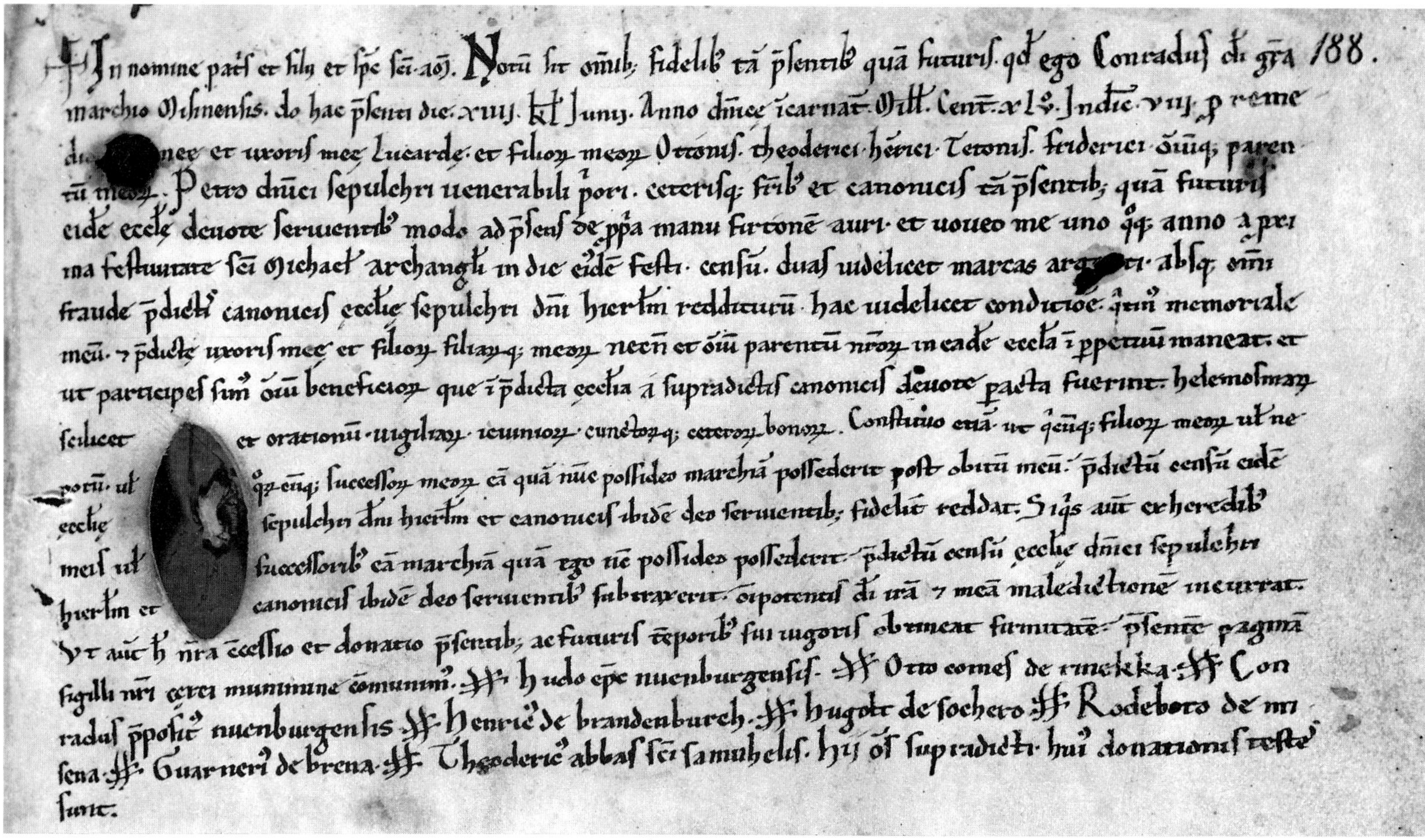
In nomine patris et filii et spiritus sancti amen. Notum sit omnibus fidelibus tam presentibus quam futuris quod ego Conradus dei gratia 188.
marchio Mihsnensis. do hac presenti die XVIII. kl. Junii. Anno dominice incarnationis Mill. Cent. XLV. Indictione VIII. pro remedio anime mee et uxoris mee Lucarde et filiorum meorum Ottonis. Theoderici. Henrici. Tetonis. Friderici. omniumque parentum meorum. Petro dominici sepulchri venerabili priori. ceterisque fratribus et canonicis tam presentibus quam futuris eidem ecclesie devote servientibus modo ad presens de propria manu firtonem auri. et voveo me uno quoque anno a prima festivitate sancti Michaelis archangeli in die eiusdem festi. censum. duas videlicet marcas argenti. absque omni fraude predictis canonicis ecclesie sepulchri domini Hierusalem redditurum. hac videlicet conditione. quatinus memoriale meum et predicte uxoris mee et filiorum filiarumque mearum necnon et omnium parentum nostrorum in eadem ecclesia in perpetuum maneat. et ut participes simus omnium beneficiorum que in predicta ecclesia a supradictis canonicis devote pacta fuerint. helemosinarum scilicet et orationum. vigiliarum. ieiuniorum. cunctorumque ceterorum bonorum. Constituo etiam ut quicumque filiorum meorum ut nepotum ut quicumque successorum meorum eam quam nunc possideo marcham possederit post obitum meum. predictum censum eidem ecclesie sepulchri domini Hierusalem et canonicis ibidem deo servientibus fideliter reddat. Si quis autem ex heredibus meis ut successoribus eam marcham quam ego nunc possideo possederit. predictum censum ecclesie dominici sepulchri Hierusalem et canonicis ibidem deo servientibus subtraxerit. omnipotentis dei iram et meam maledictionem incurrat. Ut autem hec nostra concessio et donatio presentibus ac futuris temporibus sui vigoris obtineat firmitatem. presentem paginam sigilli nostri certi munimine communimus. Hudo episcopus Nuenburgensis. Otto comes de Rineckä. Conradus prepositus Nuenburgensis. Henricus de Brandenburch. Hugolt de Sochero. Rodeboro de Misena. Guarneri de Brena. Theodericus abbas sancti Samuhelis. Hii omnes supradicti huius donationis testes sunt.

Stiftungsurkunde
des Markgrafen
Conrad von Meissen
zugunsten
der Kanoniker
des Heiligen Grabes
in Jerusalem
14. Juni 1145
Leipzig, Universitäts-
bibliothek

Heiliger Nikolaus
Glasfenster
aus der Nikolaikirche
in Oberndorf
Eisenach
Thüringisches Museum
Eines der wenigen
erhaltenen Denkmäler
früher Glasmalerei

Bad Lausick
Eingangsportal
der Kirche St. Kilian
1. Viertel 12. Jahrhundert

Wehrhaftigkeit symbolisierende Mauerzinnen und Blattornamente als Sinnbild ewigen Lebens waren für den Gläubigen des Mittelalters Hinweis auf die Gottesstadt, das himmlische Jerusalem.

Osterlichtsäule
12. Jahrhundert
Magdeburg, Dom

Leuchter haben in der liturgischen Praxis und in der kirchlichen Kunst vielfältige Bedeutung und Verwendung. Immer aber weisen sie auf Christus als das »wahre Licht« des Lebens hin.

LEUCHTER
um 1170
Stendal, St. Jakobikirche

Der Leuchter wurde sicherlich aus einem Kreuzständer gearbeitet. Sein figürliches Ornament, das aus Ranken, Drachen und Darstellungen der Evangelisten gebildet wird, ist nur aus dem heilsgeschichtlichen Zusammenhang zu verstehen.

Sogenannter Wolfram

um 1160

Erfurt, Dom

Ursprünglich Träger eines Lesepultes

Im 1. Buch Mose wird die Geschichte vom Besuch der drei Männer bei Abraham erzählt. In den dreien sieht Abraham den einen: adorat pro tribus unum, wie es auch im Schriftrand auf der linken Seite heißt. Schon seit frühchristlicher Zeit wurde in dieser Begebenheit ein Hinweis auf die göttliche Einheit der drei Personen Vater, Sohn und Heiliger Geist gesehen. Diese bildet die Grundlage der Trinitätslehre. Die Leugnung der Einheit der drei Personen geriet in die Auseinandersetzung zwischen Realismus und Nominalismus und galt seit dem Jahre 1092 als Ketzerei.

ABRAHAM-TEPPICH
um 1150
Halberstadt
Domschatz
Das Gastmahl der drei Männer

Das Lektionar ist eine Sammlung von Texten aus dem Neuen Testament, die bei der Messe verlesen werden. Der mit prachtvollen Miniaturen geschmückte Codex stammt aus dem Besitz des Halberstädter Kanonikus Marcwardus († 1148) und könnte in einer Halberstädter oder Goslarer Miniatorenschule entstanden sein. Die Miniaturen dieses Codex gelten als die unmittelbaren Vorläufer des sogenannten Abraham-Teppichs.

Lektionar
des Marcwardus
Christus
auf dem Erdkreis
thronend
vor Mitte des 12. Jahrhunderts
Halberstadt
Domschatz

Augustinus
De civitate Dei
um 1168–1180;
Schulpforte, Bibliothek

III

Civitas terrena
und Civitas Dei
Initial G

Augustin hatte seine Schrift »Von der Gottesstadt« als Apologie des Christentums gegen die Vorwürfe der Heiden verfaßt, daß die Christen die schuldige Ursache für den Fall Roms gewesen seien. Die Geschichte der Gottesstadt ist die Geschichte der Ecclesia. In dreistufiger Entwicklung erreicht sie die Vollkommenheit in der Ewigkeit.

ALTARRETABEL
SOGENANNTE
STUCKMADONNA
um 1160
Erfurt, Dom

113

Diese Figur der Muttergottes verkörpert den Typ der Nikopoia, der siegbringenden Gottesgebärerin. Von der Dogmenlehre wurde sie als Sinnbild der Inkarnation, der Menschwerdung Christi, verstanden. Seinen Ursprung hatte dieser Bildtypus in Byzanz. Die Erfurter Stuckmadonna steht noch im ursprünglichen Kontext der Altarikonographie: über ihr der auf dem Erdkreis thronende Weltenherrscher, ihm zur Seite die Gründer des Erzbistums Erfurt, die den Sieg über die Heiden errungen haben: Bonifatius und Eobanus.

Im Gegensatz zum Bild des hoheitsvollen Gottes zeugt dieses Holzbildwerk vom Wandel der mönchischen Frömmigkeit im Laufe des 12. Jahrhunderts. Er wurde getragen von einer großartigen Verinnerlichung des religiösen Empfindens. Sie geht auf Bernhard von Clairvaux zurück. Ziel dieser Frömmigkeit ist die Versenkung in das menschliche Bild des gekreuzigten Christus und in dessen Leiden.

JOHANNES
ehemals Braunsdorf
Dorfkirche, um 1150
Eisenach, Thüringisches
Museum

Christus
auf dem Erdkreis
thronend
um 1170
Gröningen, Benediktiner-Klosterkirche
Berlin, Staatliche Museen

Das zu den bedeutendsten Bildwerken der romanischen Kunst zählende Stuckrelief an der Brüstung des Emporeneinbaus der Klosterkirche (das Original befindet sich in den Staatlichen Museen Berlin) gibt noch heute ein lebendiges Zeugnis von der Vorstellung der Gläubigen, daß dieser Christus der am Ende der Tage kommende Richter ist: »Fallet über uns und verberget uns vor dem Angesicht dessen, der auf dem Stuhl sitzt, und vor dem Zorn des Lammes!« (Offb 6,16)

Otto von Freising
Weltchronik
vor 1177
Jena, Universitätsbibliothek

Otto, seit 1138 Bischof von Freising, Halbbruder König Konrads III. und Oheim Friedrich Barbarossas, war zeitlebens um einen Ausgleich zwischen den kämpfenden Parteien der Staufer, Welfen und Babenberger bemüht. Seine Weltchronik ist der Höhepunkt mittelalterlicher Universalgeschichtsschreibung, die ihre Wurzeln in den Staatsvorstellungen Augustins hat. In den Verwirrungen, die der Investiturstreit mit sich gebracht hatte, sah Otto Vorzeichen des nahen Weltendes.

Taufstein

nach 1193

Halberstadt, Dom

1179 zerstörte Heinrich der Löwe den Dom zu Halberstadt. Bischof Gardolf (1193–1201) stiftete den prächtigen Taufstein für die erneuerte Kirche.

Wenn auch der Raumeindruck heute vom 1853–1857 erfolgten Wiederaufbau der Stiftskirche geprägt wird, so ist er doch einzigartig. Das Stift wurde durch Graf Dedo IV. von Wettin und Konrad von Meißen gegründet und zur Grablege der Wettiner bestimmt. In staufischer Zeit war es eines der blühendsten Stifte im mitteldeutschen Raum.

PETERSBERG BEI HALLE
KIRCHE
DES AUGUSTINER-
CHORHERRENSTIFTES
1124–1184
Inneres nach Südosten

Nach dem Tode seines Vaters Konrad von Meißen hatte Markgraf Dedo von Groitzsch das Rochlitzer Gebiet erhalten. Zum Landesausbau gründete er ein eigenes Hauskloster, das er mit Kanonikern der Augustiner-Chorherren besetzte. Ihre Hauptaufgabe lag in der Pfarrseelsorge. Dedo hatte den Gau mit deutschen Bauern besiedelt.

Wechselburg
Kirche
des Augustiner-
Chorherrenstifts
um 1160–1180
Presbyterium

Ansicht der Hauptapsis
von Südosten

Die Kirche gehört zu den besterhaltenen Basiliken der Harzlandschaft. 1195 wurde das Kloster durch Papst Coelestin III. bestätigt.

HECKLINGEN
BENEDIKTINERINNEN-
KLOSTERKIRCHE
nach 1160–1176
Ansicht von Südosten

Hecklingen
Klosterkirche
Porträtrelief
3. Viertel 12. Jahrhundert

Warum die als Bildnisse des Kaiserpaares Lothar und Richenza geltenden Reliefs in dieser Kirche angebracht wurden, ist nicht mehr zu klären, Lothar war Parteigänger des Papstes Innozenz II. im Schisma des Anaklet (1130–1138). Daß der Sachse die Erbgüter der Markgräfin Mathilde aus der Hand des Papstes zum Lehen empfangen hatte, wurde von der Kirche als Hinweis darauf gedeutet, daß der Papst den König mit dem Kaisertum belehnt habe.

LANDSBERG
DOPPELKAPELLE
um 1170
Figurenkapitelle

Während in der Oberkirche reiche Palmettenfächer zum Schmuck der Säulen verwendet wurden und fürstliche Pracht verbreiten, tragen die Stützen der Unterkirche, die dem Gesinde vorbehalten war, figürlichen Dekor, Männer und Frauen in zeitgenössischer Tracht. Sollten diese »Bildnisse« das Gesinde stets daran erinnern, wer die Herrschaft Christi auf Erden vertritt?

Verstärkung der Fürstenmacht und der Ausbau von Einzelterritorien, die der Zentralmacht entgegenstanden, sind ebenfalls ein Ergebnis des Wormser Konkordats. Doppelkapellen sind Burg- oder Pfalzkapellen, die typisch für die staufische Zeit sind.

Unterkirche

Naumburg
Ostkrypta, Dom
um 1170

Die künstlerisch bedeutende Ornamentik zählt zu den vollkommensten Schöpfungen dieser Art. Um 1170 wurde die Krypta unter den Ostchor gebaut.

Quedlinburg
Stiftskirche
Krypta
Wandmalerei
2. Hälfte 12. Jahrhundert

Die Quedlinburger Krypta ist nach der des Domes in Speyer der größte deutsche Kryptenraum. Die Ausmalung aus der 2. Hälfte des 12. Jahrhunderts nimmt Bezug auf die Verwendung als »Grab«-Kirche: Die Szenen aus der Susannengeschichte, dem Brot- und Fischwunder oder die Auferweckung des Lazarus stehen für die Errettung des Menschen vor dem Tode.

1180 wurde Kloster Lehnin durch Markgraf Otto I. von Brandenburg gegründet, die Besiedlung erfolgte durch einen Konvent aus dem Zisterzienserkloster Sittichenbach. Die kolonisatorische Tätigkeit dieses Ordens wurde zur Grundlage der Erschließung der Mark Brandenburg. Die Ostteile der Kirche zeigen Nachwirkungen der Gewohnheiten Hirsauer Reform.

Lehnin
Zisterzienser-
Klosterkirche
St. Marien
Kreuzgang von Süden

Chor und Querhaus
mit Apsis und Nebenchor
nach 1190

LEHNIN
ZISTERZIENSER-
KLOSTERKIRCHE
Langhaus nach Osten

Neukloster
Zisterzienser-
nonnen-
Klosterkirche
1. Hälfte 13. Jahrhundert
Ansicht von Südosten

Im Zuge der Christianisierung der slawischen Pommern entstanden in den unwirtlichen Niederungen zahlreiche bedeutende Zisterzienserniederlassungen. 1219 wurde das Nonnenkloster Sonnenkamp gegründet. Gemäß der Ordensregel bauten die Zisterzienser ihre Kirchen ohne schmückenden Dekor. Aus diesem Verzicht wurde Gewinn: In der vollkommenen Harmonie der Verhältnismäßigkeit aller Bauteile, in der Makellosigkeit ihrer handwerklichen Ausführung, in der Führung des Lichtes im Raum und im Wohlklang seiner Gestaltung liegt die Schönheit zisterziensischer Kirchenräume begründet.

4. Ecclesia visibilis

Feudalkirche im Glanze der Macht

Das 13. Jahrhundert ist das Zeitalter eines die gesamte politische und geistige Welt umspannenden Emanzipationskampfes: Die Kirche kämpfte gegen das Reich, die Nationalstaaten stritten gegen das Imperium, das Bürgertum erhob sich gegen den Feudaladel, das Ketzertum widersetzte sich dem Papsttum.

Unter dem Pontifikat Innozenz' III. (1198–1216) wurde der Stuhl Petri zum Mittelpunkt der Welt. Die Kirche erschien auf dem Höhepunkt glänzendster Macht. 1201 wurden im Vertrag von Neuß erstmals die genauen Grenzen des Kirchenstaates festgelegt, 1215 befestigte das 4. lateranische Konzil den päpstlichen Einfluß auf alle Bereiche des kirchlichen Lebens, der kirchlichen Organisation und des Kultus in bisher unbekanntem Maße. Endgültig wurde die Wahl der Bischöfe als alleiniges Recht der Domkapitel bestätigt. Damit waren die Laien und der übrige Klerus von der Einflußnahme auf die Besetzung der Bischofsstühle ausgeschlossen. Die Garantie war gegeben, daß nur dem Stuhle Petri genehme Anwärter in dieses Amt eingesetzt werden konnten. Das Recht der Postulation wurde dabei zum entscheidenden Mittel päpstlicher Einflußnahme.

Die Klosterpolitik blieb nach wie vor ein wesentliches Instrument zur Förderung der päpstlichen Zentralisation. Verstärkt wurde Klöstern der Schutz des Papstes zuteil. Gleichzeitig bedurfte aber jede Ordensregel päpstlicher Bestätigung. Auf der 4. Lateransynode wurde dieses Postulat ausdrücklich sanktioniert, gleichzeitig faßte man aber auch Beschlüsse, die unmittelbar in das religiöse Volksleben und in den Kultus eingegriffen haben. Die Reliquien sollten fortan sichtbar der Verehrung und der Anbetung ausgesetzt werden. Ostensorien und Monstranzen konnten entstehen, die neuen Formen zogen neue Bildinhalte und Gestaltungsweisen nach sich. Die Lehre von der Transsubstantiation wurde zum Dogma erklärt. Die Folge war der Verzicht der Laien auf den Kelch, ferner die Elevation der Hostie und deren Anbetung durch Niederfallen. Folge: Der Kelch war nur mehr dem Priester vorbehalten; er wurde im Laufe der Zeit zusehends kleiner, die großen Cuppae der frühen Zeit waren nicht mehr notwendig. Den Gläubigen wurde es zur Pflicht gemacht, wenigstens einmal jährlich zu beichten und die Kommunion zu empfangen. Die Theorie vom Ablaß, der Möglichkeit, Schuld durch Geldzahlungen zu sühnen, nahm in dieser Zeit ihren Anfang und sollte im Laufe der Kirchengeschichte verheerende Auswirkungen zeitigen. Der Ritus stand immer mehr im Vordergrund, die Predigt wurde zusehends vernachlässigt.

So ist es leicht zu verstehen, daß sich die Ketzerbewegung rasch und stark ausbreiten konnte. Kampf gegen die Sakramentenspendung durch unwürdige Priester, strenges Festhalten am Wort der Bibel und Leugnung der Existenz des Fegefeuers und der Wirksamkeit des Ablasses war ihr Hauptanliegen. Die Einheit des kirchlichen Lehrgebäudes schien bedroht. Der Kampf gegen die Abtrünnigen gestaltete sich erbarmungslos: 1215 wurde die Inquisition eingesetzt und 1232 zur stehenden Einrichtung erklärt, ein Jahr später bereits der Dominikaner Konrad

MAGDEBURG, DOM
seit 1209
Chorinnenraum

von Marburg, Ketzerrichter Deutschlands und Beichtvater der heiligen Elisabeth, erschlagen, 1234 vernichtete ein Kreuzzugsheer die der Ketzerei beschuldigten Stedinger. Noch einmal nahm das Imperium in großem Stil den Kampf gegen das Sacerdotium auf. Ihm erwuchs in Friedrich II. (1212–1250) ein entschiedener Gegner. In der dramatischen Auseinandersetzung zwischen den politischen Interessen der Kurie und dem Machtanspruch des Kaisers wird auf dem Konzil von Lyon 1245 der Kaiser durch den Papst für abgesetzt erklärt. 1256–1273 verfällt das Reich im Interregnum. Es fehlt eine zentralisierte feudale Monarchie, die dem universalen Machtanspruch des Papstes entschieden entgegentreten konnte. Der Papst erschien als der unumschränkte Herr der Welt.

Das 13. Jahrhundert ist das Zeitalter, in dem die großen Kathedralen entstehen. In ihnen nahm nun das Idealbild der Welt, das sich die Geistesmacht der Kirche formte, Gestalt an. Die Kathedralen sind die Vergegenwärtigung des himmlischen Jerusalems, Ausdruck bischöflichen Herrschaftsanspruchs, Repräsentation seiner irdischen, aber von Christus verliehenen Macht, Ort höchster Gerichtsbarkeit. Im Zusammenklang der Architektur, der Bildwerke aus Holz und Stein, der Geräte aus kostbaren Metallen, der Malereien an den Wänden, an den riesigen Glasfenstern, in den kostbaren Büchern und auf den Paramenten und Wandbehängen geben die Kathedralen eine großartige Zusammenfassung der Ordnung der himmlischen und der irdischen Welt. 1209 wird in Magdeburg der erste Dom in Deutschland nach der neuen Gesinnung begonnen. 1209 entbrennt der Krieg gegen die Ketzer in Südfrankreich. 1209 schuf Franz von Assisi die Voraussetzungen für den Orden der Franziskaner.

Neue Gesinnung ließ Neues im Schoße des Alten entstehen. Die Demokratisierung des Daseins, die neue Anerkennung des Menschen, wie sie in umwälzender Tätigkeit erstmalig durch Elisabeth von Thüringen in die höchsten Schichten des Feudaladels hineingetragen worden ist, sind Auswirkungen des Franziskanertums. Sie führten letztendlich auch zur Erneuerung der Kunst. Aber ohne den Einfluß der letzten großen mittelalterlich-feudalen Mönchsorden ist das Bauwerk der Kathedrale nicht zu verstehen.

Während die Bettelmönche schon mitten in den Städten ihre Niederlassungen gründeten und in ihren Predigten in ungeheurem Maße die Volksfrömmigkeit beeinflußten, bauten die Zisterziensermönche auch noch im 13. Jahrhundert ihre Kirchen und Klöster in der Abgeschiedenheit unwegsamer Gebiete.

Als Ende des 11. Jahrhunderts der Orden in Frankreich als Protestreaktion auf die zunehmende Verweltlichung des Benediktinertums gegründet worden war, erhielt er starken Zulauf, so daß sich die Zisterzienserklöster in rascher Folge über ganz Mittel- und Westeuropa ausbreiten konnten. Von den Ordensmitgliedern wurde strengste Einhaltung der Armut und regelmäßige Arbeit verlangt. Die Folge war, daß sie in den Dingen der Wirtschaft und des Handwerks besonders be-

Maria von der Triumphkreuzgruppe des Wechselburger Lettners
um 1230

Johannes von der Triumphkreuzgruppe des Wechselburger Lettners *um 1230*

wandert waren. Zur Kultivierung eroberter Landstriche war der Orden daher besonders geeignet. Die Mönche machten das Land urbar, rodeten die Wälder, bauten Wein und Obst an, betrieben Viehzucht, Wasser- und Teichwirtschaft. Sie veränderten mit ihrer Arbeit das Gesicht der Landschaften. Bis auf den heutigen Tag ist es in Thüringen und Sachsen auf diese Weise geprägt. Die Erschließung der Mark Brandenburg und der übrigen rechtselbischen eroberten Gebiete bis in die der Ostseeküste hinein ist ohne das Wirken der Zisterzienser nicht vorstellbar.

Die praktische Arbeit wurde zumeist von den Konversen, den Laienbrüdern, geleistet. Auch sie lebten im Klosterverband, waren aber von den Konventualen getrennt. Den strengen Gelübden brauchten sich die Konversen nicht zu unterwerfen. Ihre Aufgabe war ausschließlich die Erfüllung der praktischen und handwerklichen Arbeiten. Die Laienmönche waren dadurch die eigentlichen Träger der vom Orden geleisteten Kulturarbeit.

Mit den Zisterziensermönchen kam auch der neue gotische Baustil in das Land.

Aus dem Zwang des für sie verpflichtenden Gelübdes heraus mußten die Zisterzienser auf alle Farbe und jegliches Bildwerk verzichten. So wandten die Mönche ihre ganze Aufmerksamkeit dem Bau selbst zu. Zweckmäßigkeit und Präzision mußten den Schmuck ersetzen. Alle Teile des Bauwerks wurden durch klare, überschaubare Proportionen bestimmt. Da auch die Decken der Gebäude aus Stein zu sein hatten, brachten die Zisterzienser ein besonderes Verständnis für die Gewölbekonstruktion mit. Diese hatten sie aus dem Stammland ihres Ordens, dem französischen Burgund, nach Deutschland mitgebracht. So konnte allmählich der gotische Gliederbau entstehen. Im Bischofsgang des Magdeburger Domes wurde er zum ersten Mal verwirklicht.

In Pommern und der Mark Brandenburg wurde mit den sich ausbreitenden Formen der Gotik ein Landschaftsstil ausgeprägt, der im Anschluß an die romanischen Bauten der Prämonstratensermönche von den Zisterziensern weiterentwickelt worden ist. Von den Stadtbürgern aber erhielt er in den Hallenkirchen und Bürgerkathedralen sein entscheidendes Gesicht.

Zur großen Kulturarbeit, die das Mönchtum geleistet hatte und die sich in wirtschaftlicher und geistiger Betätigung nicht nur hinter geschlossenen Klostermauern auswirkte, gehören seit dem 13. Jahrhundert in neuem Maße auch die Aufgaben der Franziskaner und der Dominikaner. Ordo Praedicatorum – Orden der Prediger – nannten sich letztere. Franziskaner und Dominikaner wurden in den Städten tätig. Das öffentliche Predigen stand im Vordergrund. Das Einwirken auf die städtische Bürgergemeinde, auf die Laien und auf die Frauen, war das Ziel. Es setzte sich in der Pflege der Wissenschaften fort und gipfelte in der Etablierung der Bettelmönche an den Universitäten. Die Wirksamkeit der exklusiven Orden des feudalen Mittelalters wurde abgelöst von der Tätigkeit »bürgerlichen« Mönchtums in den Städten.

Der Chor, eigentlich das Sanktuarium und Platz, an dem sich das Domkapitel zum Chorgesang versammelt, ist der heiligste Bezirk der Kirche. Er ist dem Priester vorbehalten. Im Chor des Magdeburger Domes wird sein Anspruch auf Macht wie nirgend sonst dokumentiert: Mit den antiken Säulen aus dem ottonischen Vorgängerbau und den monumentalen Skulpturen im Chorhaupt, die das Jüngste Gericht darstellen, wird das Sinnbild höchsten Machtanspruches deutlich. Albrecht II. weiß sich als Repräsentant einer Kirche, die von Otto I. nach dem Vorbild von St. Peter in Rom das Privileg der Ausstattung mit 12 Kardinalpriestern, 7 Kardinaldiakonen und 24 Kardinalsubdiakonen erhalten hatte. Hier hielt der Erzbischof Gericht.

Ansicht von Nordosten

MAGDEBURG, DOM
seit 1209
Kapellenkranz

1207 wurde der Dom durch Feuer zerstört. Mit dem Neubau setzte der ehrgeizige Bischof neue Ideen durch, die er während seiner Studien in Frankreich aufgenommen hatte. Der Magdeburger Dom wurde als erster Kathedralbau auf deutschem Boden nach dem Vorbild französischer Kathedralen errichtet.

Magdeburg, Dom

Bischofsgang, um 1230

Fehlte den Bauleuten, die Kapellenkranz und Chorumgang errichteten, noch das volle Verständnis für die neue Gestaltung, so wurde sie im Bischofsgang schon weit deutlicher verwirklicht. In einer zweiten Bauetappe wurde er von Werkleuten aus dem Zisterzienserkloster Walkenried ausgeführt.

Chorumgang, um 1230

Magdeburg, Dom
Kapitell
mit der Reliefdarstellung
eines vom Teufel
geholten Königs
um 1215

Das Relief wird als Darstellung des Königs Belsazar gedeutet. Belsazar galt als Präfiguration des Antichrist. In der Zeit, in der mit dem Staufer Friedrich II. der Kampf zwischen Kaiser und Papst offene Formen angenommen hatte, mußte im Kaiser der Antichrist gesehen werden, das Imperium den bösen Mächten verfallen sein.

Bogenfeld eines Portales im nördlichen Chorumgang um 1220/30

Das wahre Leben dagegen ist die Kirche Christi. In den prachtvoll gebildeten Ranken nahm es für die Zeitgenossen sinnbildhafte Gestalt an. »... und die Blätter des Holzes dienten zur Gesundheit der Heiden« (Offb 22,2).

Halberstadt, Dom
Fensterrose
über dem Westportal
nach 1239

Wie die hohen Fenster der Kathedralen das »fließende Licht der Gottheit« als festen Bestandteil des Kirchenraumes zum beeindruckenden Erlebnis der Allgegenwart Gottes werden ließen, so verkünden schon die großen Rundfenster an den der Stadt zugewendeten Westseiten der Kathedralen dem Eintretenden die Worte Jesu: »Ich bin das Licht der Welt. Wer mir nachfolgt, der wird nicht wandeln in der Finsternis, sondern wird das Licht des Lebens haben« (Joh 8,12). Seit Abt Suger von Denis zum ersten Mal der Westfassade einer Kirche mit dem symbolischen Rosenfenster einen veränderten Sinngehalt gab, wurde es von den Kathedralen der Folgezeit als fester Bestandteil übernommen.

Fragment
der Darstellung
einer Oboedientia
um 1210
Paretz, Dorfkirche

Nicht nur Mönche und Laien wurden in anschaulicher Weise durch Bilder in den Kirchen und Kathedralen belehrt, auch der gebildete Klerus konnte auf derartig moralisch-didaktische Bildprogramme nicht verzichten. Sie breiteten sich jetzt auch an den großen Glasfenstern aus. Gehorsam – als »Oboedientia« hier personifiziert – der Kirche gegenüber zu üben war eine der wichtigsten Tugenden. Die Originalscheibe befindet sich heute im Brandenburger Domschatz.

Bis heute ist der ursprüngliche Verwendungszweck dieses ältesten, mit seiner originalen Farbigkeit erhalten gebliebenen Möbels noch nicht geklärt. Die Darstellung der Verkündigung auf den äußeren Türflügeln, die von Johannes und Paulus auf den Schmalseiten und der Heiligen Katharina und Kunigunde auf den inneren Türflügeln lassen an typologische Zusammenhänge denken, die auf liturgische Geräte oder Bücher Bezug nehmen. Diese Schränke wurden in der Nähe des Altars aufgestellt.

Halberstadt, Dom
1. Hälfte 13. Jahrhundert
Innenseite eines Schranks
mit Darstellung
der heiligen Katharina
Detail

Chorschranken schließen im Mittelalter die Vierung der Kirche, den Ort, an dem sich der Mönchschor zu gemeinsamem Gebet und Gesang versammelt hatte, gegen die Querschiffsarme ab. Die westliche Begrenzung gegen die Laienkirche bildete der Lettner mit dem Kreuzaltar und dem Triumphkreuz. In den Stuckreliefs der Halberstädter Chorschranken, die zu den großartigsten Kunstleistungen des frühen 13. Jahrhunderts gehören, wurde die Bedeutung des Zusammenhanges von Handlung und Ort deutlich: Umgeben von den 12 Aposteln, thronen in ihrer Mitte der segnende Christus und die siegbringende Muttergottes mit dem Kind auf dem Schoß.

Chorschranken
Halberstadt
Liebfrauenkirche
nach 1200
Detail:
Kopf des Apostels Jakobus

Weihbrotschale
Halberstadt
Domschatz
11. Jahrhundert

Im Zeitalter der Kreuzzüge gelangte eine Vielzahl bedeutender byzantinischer Gefäße in den Besitz der abendländischen Domkirchen. Auch Bischof Konrad von Krosigk schenkte nach seiner Rückkehr vom Kreuzzug im Jahr 1208 seiner Domkirche mehrere dieser Heiltümer. Die im Osten als Patene gebrauchte Schale wurde wohl bald nach 1208 als Untersatz für ein Stephanus-Reliquiar umgearbeitet. Die Darstellung der Kreuzigung Christi könnte anregend auf die heimische Plastik gewirkt haben.

Der Kreuzestod Jesu, durch Hinweis auf die Opferung Isaaks, die Kundschafter mit der Traube und die Erhöhung der ehernen Schlange in die Vorhersagen des Alten Testaments und durch die Apokalypse des Neuen Testaments in die Verkündigung der Endzeit eingebunden, ist das Thema des gestickten Leinentuches. Damit ist die Bildkomposition in enge Beziehung zum Thema der Triumphkreuzgruppen gerückt, wie es am Wechselburger Lettner ausgebreitet wird. Vermutlich ist dieses Tuch in einem der niedersächsischen Klöster entstanden.

ANTEPENDIUM (?)
HALBERSTADT
DOMSCHATZ
Anfang 13. Jahrhundert
Detail

Lettner
mit Triumphkreuz-
gruppe
Wechselburg
Stiftskirche
um 1230

*Johannes
der Triumphkreuzgruppe*

145

1215 berief Papst Innozenz III. das IV. ökumenische Laterankonzil ein. Zu den wichtigsten Ergebnissen dieser glänzenden Demonstration päpstlicher Machtfülle gehört die Erhebung der Transsubstantiationslehre zum Dogma. Man versteht unter Transsubstantiation das Wunder der Wandlung von Brot und Wein unter Wahrung ihrer Gestalt in Leib und Blut Christi. Dieses Wunder vollzieht der Priester im Meßopfer. Die nur schwer verständlichen liturgischen Vorgänge haben schon frühzeitig zu bildlichen Ausdeutungen geführt.

Es scheint, als ob der Wechselburger Lettner eine vollkommene Ausdeutung des neuen Dogmas ist: Kreuzigung und Erlösung, Gericht und Auferstehung, Überwindung des Heidentums und ewig gesicherte Herrschaft der Kirche münden in die universale Heilsbedeutung des Meßopfers.

TRIUMPHKREUZ
Halberstadt, Dom
um 1220

Maria aus der Triumphkreuzgruppe

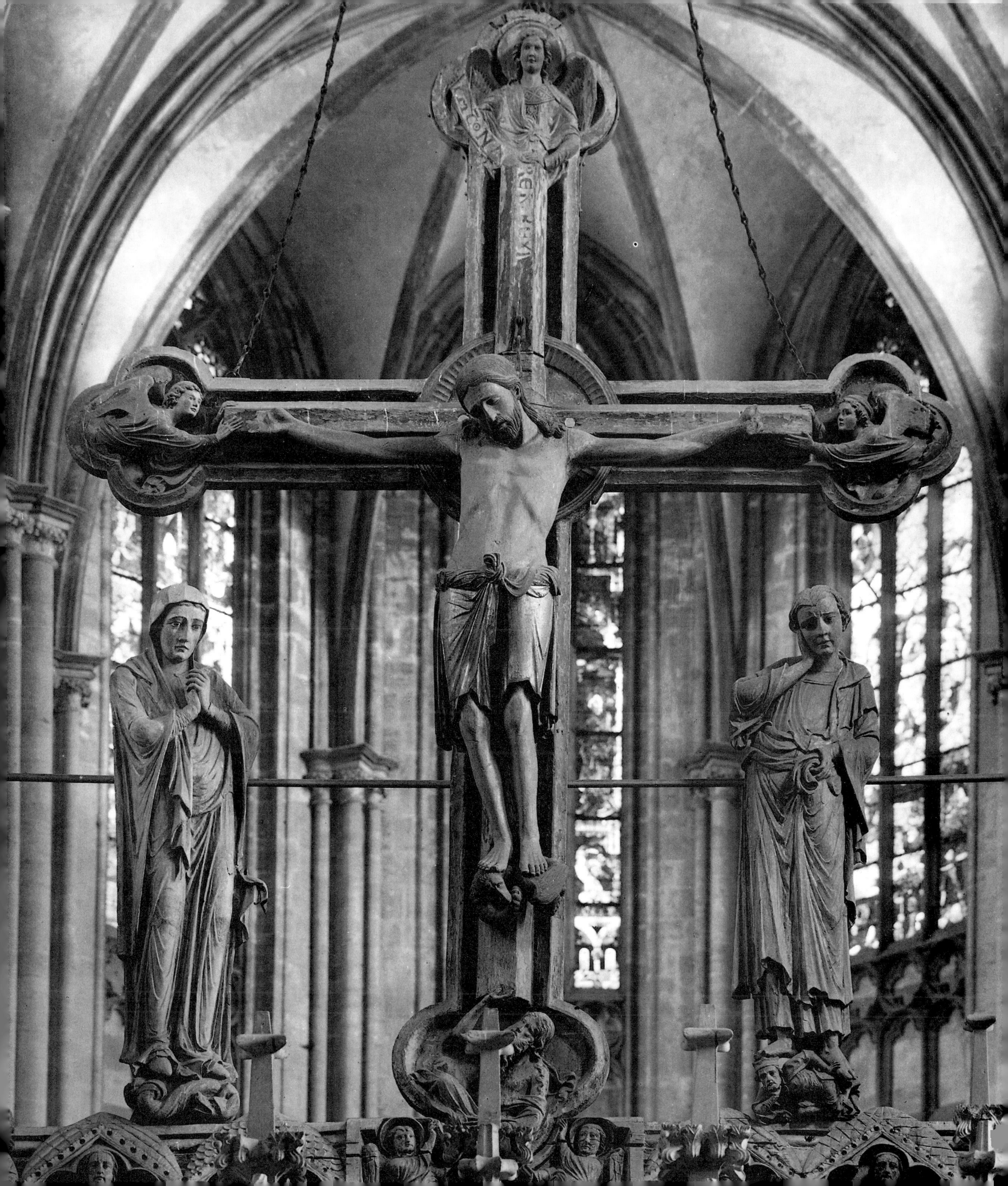

Messkelch
Werben
Pfarrkirche
Mitte 13. Jahrhundert

Die gravierten Medaillons an Cuppa und Fuß zeigen Szenen zur Verherrlichung des Meßopfers und Darstellungen zur marianischen Typologie. Auf dem Fuß sind es Gideon mit dem Goldenen Vlies, die Verkündigung, Kreuzigung und Moses vor dem brennenden Dornbusch. Auf der Cuppa sind das Abrahamsopfer, Abraham und Melchisedek, die Aufrichtung der ehernen Schlange und Elias mit der Witwe von Sarepta dargestellt.

Melchisedek
das Opfer
darbringend
Reliefplatte
vom Lettner
der Stiftskirche
in Wechselburg

In der Typologie des Mittelalters, die in Begebenheiten des Alten Testaments Hinweise und Vorbedeutungen auf das Kommen Jesu sah, wird der Priesterkönig Melchisedek als vollkommenes Vorbild Jesu und gleichzeitig als Prototyp des opfernden christlichen Priesters verstanden.

xv Recapitulatio generationis booz a phares filio
iude· usq; ad dauid filium iesse·

INCIP· RUTH·

IN DIEB' UNIUS
IUDICIS QUANDO IU
dices preerant· facta est
fames in terra· abiitq;
homo de bethleem iuda
ut peregrinaretur in re
gione moabitide cum
uxore sua ac duobus li
beris· Ipse uocabatur eli
meleth· & uxor ei' noemi·
& duob; filiis alt' maalon·
& alter chelion· ephratei
de bethleem iuda· Ingres
siq; regionem moabiti
dem morabantur ibi· Et
mortuus est elimeleth·
maritus noemi· Reman
sitq; ipsa cum filiis· Qui
acceperunt uxores moa
bitidas· quarum una uo
cabatur orpha & altera
ruth· II.
Manseruntq; ibi de
cem annis· & ambo mortui·

EXPLICIT PROLOG'
INCIP· ABACUC PROPHA·
O NUS
QUOD VIDIT ABACUC PROPHETA
Usq; quo dne clamabo & non exaudies·
uociferabor ad te· uim patiens & n salua

BIBEL
1. Viertel 13. Jahrhundert
Merseburg
Domstiftsarchiv

Initial
mit dem Propheten Habakuk

Initial
mit der Moabitin Ruth

Wahrscheinlich
aus einem sächsischen
Skriptorium

Evangelistar
Brandenburg
Domarchiv
Anfang 13. Jahrhundert

Das Abendmahlsbild zeichnet sich nicht nur durch den überaus gesammelten Ernst der Darstellung, sondern auch durch ikonographische Besonderheiten aus. Motive wie der das Brot abschneidende Petrus oder die lesenden und trinkenden Apostel nehmen Eigentümlichkeiten der Naumburger Lettnerreliefs vorweg.

Das komplizierte Programm des Knüpfteppichs lehnt sich an eine neuplatonische Dichtung an, die sich im gesamten Mittelalter großer Beliebtheit erfreute. In ihr wird versucht, die heidnische Darstellung der Hochzeit des Merkur mit der Philologie als Interpretation von Christus und Ecclesia zu verstehen. Thronende Figuren von Vertretern des Imperiums und des Sacerdotiums stellen die Verbindung zum Zeitgeschehen her. Der Teppich wurde von Agnes von Meißen gestiftet. Sie war von 1184–1203 Äbtissin des Quedlinburger Stiftes und eine Verwandte des Erzbischofs Wichmann in Magdeburg.

Knüpfteppich
Quedlinburg
Stiftskirche
um 1200

ARMRELIQUIAR
DES HEILIGEN
STEPHANUS
Halberstadt, Domschatz
nach 1225

Die Reliquien des heiligen Nikolaus wurden dem Domstift aus dem Besitz Konrads von Krosigk überwiesen, Reliquien des Kirchenpatrons Stephan müssen schon bei der Weihe des ersten Domes 859 vorhanden gewesen sein. In der Urkunde des päpstlichen Legaten wird das Kapitel verpflichtet, die Reliquien unter einer Kristallplatte sichtbar der Verehrung auszusetzen. Diese Festlegung galt seit dem Laterankonzil von 1215 als verbindlich.

ARMRELIQUIAR
DES HEILIGEN
NIKOLAUS
Halberstadt, Domschatz
nach 1225

Sogenanntes
Katharinenreliquiar
Quedlinburg, Stiftskirche
um 1230–1240

Der Reliquienschrein gehört zu den kostbarsten Goldschmiedearbeiten, die im Schatz der St.-Servatius-Kirche aufbewahrt werden. Der Bezug der in getriebenen Reliefs dargestellten Märtyrer und Bekenner zum Zentrum des christlichen Glaubens, der Kreuzigung, ist Thema dieses Schreines.

KONRADSBURG
BEI ERMSLEBEN
KRYPTA
DER EHEMALIGEN
KLOSTERKIRCHE
um 1200
Säulenkapitell

Als die Herren von Konradsburg ihren Stammsitz aufgaben, um sich mit dem Falkenstein im Selketal einen neuen Sitz zu bauen, bestimmten sie die Burg zur Gründung eines Kollegiatstifts, das aber bald in ein Benediktinerkloster umgewandelt wurde. Im 15. Jahrhundert schloß sich dieses Kloster im Zuge der Reformarbeit der sogenannten Bursfelder Kongregation an. In den Wirren des Bauernkrieges wurde das Kloster zerstört.

Unter Ludwig III., (1217–1227), Landgraf von Thüringen und Gemahl der heiligen Elisabeth, wurde die Doppelkapelle errichtet. Der anspruchsvolle Baudekor zeugt von der Macht der aufstrebenden territorialen Feudalmächte.

NEUENBURG
DOPPELKAPELLE
DER BURG
um 1220

VIETLÜBBE
DORFKIRCHE
Anfang 13. Jahrhundert

In die kolonisierten ostelbischen Gebiete ist das Christentum als der Glaube der Ansiedler gekommen. Die zahlreichen Dorfkirchen mit ihren machtvoll wirkenden Mauermassen zeugen noch heute von der alles bestimmenden Rolle, die der neue Glaube spielte.

GADEBUSCH
PFARRKIRCHE
um 1220

Sie ist die älteste Kirche dieser Art in Mecklenburg. Ihr Hallenbau fußt auf westfälischen Einflüssen, die wiederum auf französischen Traditionen aufbauen. Die ruhige Lagerung der Bauteile der Hallenkirche unterscheidet sich von der Dynamik des basilikalen Kirchenbaus.

Stigmatisation
des heiligen
Franziskus
Glasfenster
Erfurt, Barfüßerkirche
nach 1230

1223 bestätigte der Papst die Ordensregel des heiligen Franz von Assisi, und bereits 1225, ein Jahr vor dem Tode des Heiligen, ließen sich Franziskanermönche in Erfurt nieder, wo sie 1228 mit dem Bau eines Klosters beginnen konnten. 1230 brachte Jordanus von Giano, der Ordensprovinzial von Deutschland, von einer Romreise die Anregung für die Gestaltung der Glasfenster mit. Sie sind der erste Franziskus-Zyklus, der je geschaffen worden ist.

Heilige Elisabeth
Naumburg, Dom
nach 1235

Zu den frühesten Darstellungen der heiligen Elisabeth zählt auch die Sandsteinplastik des Naumburger Domes. Die Heilige wird mit Schleier, Krone und einem Buch in der Hand abgebildet. Dieses Attribut weist darauf hin, daß sie die Worte des Evangeliums hörte und nach ihnen lebte.

Heilige Elisabeth
Glasmalerei
Neukloster
1235–1245

Das Chorfenster in der Kirche des Zisterzienserinnenklosters Sonnenkamp entstand bald nach der Kanonisierung, der Heiligsprechung, der Landgräfin von Thüringen. Es zählte zu den bedeutendsten und frühesten Glasmalereien in Mecklenburg. 1236 legte das Generalkapitel der Zisterzienser fest, daß das Fest der heiligen Elisabeth in alle Martyriologien und Kalendarien einzutragen sei.

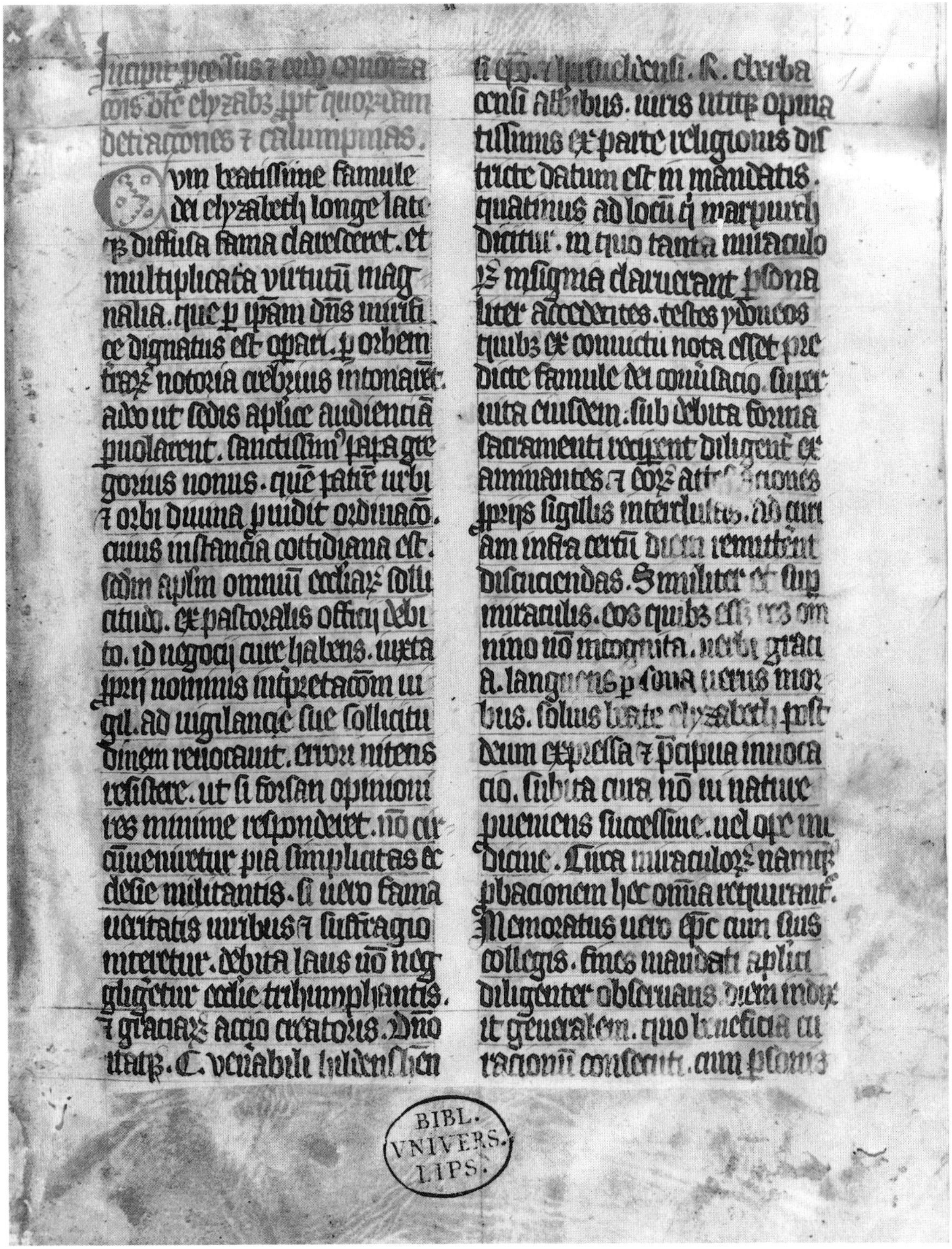

HEILIGSPRECHUNGS-
PROZESS
ELISABETHS
VON THÜRINGEN
nach 1235
*Leipzig, Universitäts-
bibliothek*

Als Verfasser dieser Handschrift wird der päpstliche Kaplan und Pönitentiar Raymund de Penaforte vermutet. Er muß, wie aus der Sachkenntnis des geschilderten Vorganges zu entnehmen ist, bei der Heiligsprechung zugegen gewesen sein. Diese wurde »auf die Kunde von den Wundern (durch) Papst Gregor IX., der nach seinem Namen ein wachsamer Hirte ist, ...« am Pfingstfest 1235 in Perugia vorgenommen.

Elisabethreliquiar
Halberstadt
Domschatz
nach 1270

Die Reliquien der heiligen Elisabeth gelangten 1270 nach Halberstadt. Sie wurden unter großer Anteilnahme von Klerus und Laien im Dom niedergelegt. Halberstadt hatte stets eine besondere Beziehung zu Elisabeth: Einer der ersten deutschen Franziskanermönche, Rodeger von Halberstadt, war der erste seelsorgerliche Berater der Landgräfin. Bei der Erhebung der Gebeine in Marburg war ein Halberstädter Bischof zugegen.

THRONENDE MADONNA
HALBERSTADT
DOMSCHATZ
um 1230

Als Thron Salomonis wurde das Bild der Gottesmutter – mit dem Kind, dem wahren Salomo, auf dem Schoß – verehrt. Die anrührende, warme Lieblichkeit dieses Madonnenantlitzes, das schmiegsame Spiel der Falten, das die Linien des Körpers in schöner Selbstverständlichkeit nachzeichnet, zeugt von einem starken Lebensgefühl, das neben der Askese immer weiteren Raum gewann.

KRUZIFIX
ILSENBURG
DORFKIRCHE
um 1235

Mit ihren reichen Figurenprogrammen repräsentieren die Portale an den Westseiten der Kirchen nicht mehr nur deren Macht, sondern dokumentieren zugleich auch ihre Lehren. Diese Gepflogenheit war in Frankreich üblich geworden. Die Goldene Pforte mit ihrem mariologisch bestimmten Bildprogramm ist das früheste deutsche Kirchenportal dieser Art.

Goldene Pforte
Freiberg, Dom
um 1225/30

Das Gleichnis ist am Portal der Paradiesesvorhalle des Magdeburger Domes zum ersten Mal als monumentaler Skulpturenzyklus gestaltet worden. In heftigen Gebärden zeigen sich die Klugen und die Törichten – Sinnbilder für die Seligen und die Verdammten, die, deren Opfer Gott angenommen, und die, denen er es verweigert hat.

Daß die Parabel aus dem Matthäus-Evangelium als Tugendgleichnis mit dem Endgericht in Zusammenhang gebracht werden kann, geht exemplarisch aus dem Speculum virginum, dem Jungfrauenspiegel, hervor. Wird die Tugend als ein Suchen nach Christus aufgefaßt, so die Torheit als ein Nichtbeachten des Zieles, das für den Gläubigen in Christus liegt. Damit klingt die bereits von Augustin geäußerte Mahnung an, daß gute Werke das Verdienst Gottes sind und nicht das des eitlen Ruhmes. Stellt man diesen und das Lob der Schmeichler in den Vordergrund, so wird man beim Jüngsten Gericht vergeblich auf Gnade hoffen.

Portal
mit klugen
und törichten
Jungfrauen
Magdeburg, Dom
um 1240
Kluge Jungfrauen

Speculum
virginum
Sachsen
1. Hälfte 13. Jahrhundert
Leipzig, Universitätsbibliothek
Kluge und törichte Jungfrauen

Zu den großartigsten Formulierungen und Ausdeutungen des Jüngsten Gerichtes zählt die Darstellung Christi als Weltenherrscher, von der Mandorla umgeben und von Maria und Johannes als Fürbitter der Menschheit begleitet.

Die Fresken der Dorfkirche in Pretzien wurden 1973 freigelegt. Sie zeichnen sich durch eine so hohe Qualität aus, daß sie zu den hervorragendsten Schöpfungen dieser Art in Sachsen gehören.

Christus
als Weltenrichter
Wandmalerei
Pretzien
Dorfkirche
um 1230/40

Zwei Apostelfenster
Naumburg, Dom
um 1250/60

Die Fenster im Westchor des Naumburger Domes gehören zu den ältesten erhaltenen deutschen Glasfensterzyklen. Sie zeigen auf besondere Weise die Verbindung zum Jüngsten Gericht: Im Chor wurden für die Stifter die Totengottesdienste abgehalten. Nur aus ihrem Zusammenhang ist das für Laien schwer verständliche Programm der Fenster mit Aposteln, Heiligen, klugen und törichten Jungfrauen zu erfassen. Zugleich soll dieser Bilderzyklus aber auch im Streit zwischen Naumburg und Zeitz um den Vorrang als Bischofskirche die Macht des Naumburger Bischofs demonstrieren.

Michael ist Bote, Richter und Beschützer, Führer der Engelheere im Kampf gegen den Satan. Symbolisiert der Erzengel hier, daß sich das junge städtische Gemeinwesen in der unsicheren Zeit des Interregnums unter seinen besonderen Schutz stellt?

HEILIGER MICHAEL
SOGENANNTER
ANGELUS JENENSIS
JENA, STADTPFARRKIRCHE
um 1260

Wer in das Reich Gottes eingehen will, muß unter dem Kreuz hindurch. Hier ist es nicht das Symbol der triumphierenden, richtenden Kirche, sondern es ist zum Tor geworden, durch das jeder einzelne selbst gehen muß. In der von der Gedankenwelt der Mystik ausgehenden Sicht des leidenden Gottes als Mensch sah die Papstkirche eine drohende Gefahr.

TRIUMPHKREUZGRUPPE
NAUMBURG, DOM
WESTLETTNER
um 1250/60

Naumburg
Blick auf Dom
(vor 1213–1242)
und Stadt

Wohnung der Heiligen, Bollwerk gegen die feindlichen Mächte innen und außen, Summe theologischen Denkens und Ergebnis liturgischer Bräuche, so stehen die Domkirchen in den Städten und zeugen vom Triumph des Sacerdotiums über das Regnum.

Freyburg/Unstrut
Marienkirche
1. Hälfte 13. Jahrhundert

Doppelturmfassade und Westvorhalle, Querschiff und Vierungsturm, Haupt- und Nebenapsiden an Chorquadrat und Querhausarmen – alte Formulierungen mit neuen Inhalten: Die Stadt, obgleich sie ihre Gründung feudalen Territorialansprüchen verdankte, dokumentiert im Bau ihrer Stadtpfarrkirche eigene Herrschaftsansprüche. Die Freyburger Marienkirche ist eine der ältesten erhalten gebliebenen Stadtpfarrkirchen Mitteldeutschlands.

Die Stadtpfarrkirche gehört zu den beeindruckendsten Sakralbauten in Thüringen. Ihre Formen sind denen französischer Kathedralen verpflichtet.

ARNSTADT
LIEBFRAUENKIRCHE
Anfang 13. Jahrhundert

MÜHLHAUSEN
KIRCHE DIVI BLASII
Westturmfront
2. Hälfte 13. Jahrhundert

1227 erhielt der Deutsche Ritterorden die Hauptpfarrkirche der Altstadt als Geschenk König Heinrichs VII. Der geplante Neubau der Kirche konnte erst nach dem Ende der Bürgerunruhen in der Jahrhundertmitte ausgeführt werden. Bischof Kristan von Samland, Komtur des Ordens, ließ die Kirche nach dem Vorbild der Hauptkirche des Ordens, der Elisabethkirche in Marburg, errichten.

In der fast vollplastisch scheinenden Körperlichkeit des Bildes ist schon etwas vom neuen Menschentum einer bürgerlich bestimmten Zeit zu spüren.

Unerhörte Plastizität verbindet sich mit der Eleganz sicher geführten Linienschwunges in der Darstellung der thronenden Muttergottes.

Es war üblich, den Neubau oder die Neuausstattung einer Kirche mit Ablaßgeldern zu finanzieren. Der Ablaß wurde öffentlich verkündet. Allerdings ist die Halberstädter Tafel ein besonders seltenes und hervorragendes Beispiel dieser »Plakatkunst«.

Grabplatte
Kristan
von Samlands
(† 1295)
Mühlhausen, Blasiuskirche

Ablasstafel
Halberstadt, Domschatz
um 1290

Taufkessel
Rostock, Marienkirche
1290

Das Figurenprogramm breitet die christliche Heilslehre aus. Schöpfung und Menschwerdung, Opfertod und Auferstehung, Himmelfahrt und Jüngstes Gericht vereinen sich – von Heiligen bezeugt – zum »Strom des lebendigen Wassers«. In den Allegorien der vier Paradiesflüsse hat er lebendige Gestalt angenommen.

Stralsund, Nikolaikirche
um 1270

Die Kirche des städtischen Patriziats wurde im Stil der großen Kathedralkirchen gebaut. Nichts kann wohl mehr vom Selbstbewußtsein städtischen Gemeinwesens künden als die Tatsache, daß man die eigenen Gotteshäuser mit dem gleichen Anspruch erfüllte, der einst den Bischofskirchen vorbehalten war.

Greifswald, Marienkirche
Ansicht von Nordosten
um 1280

Die zunehmende Besiedlung des Ostseegebietes im 13. Jahrhundert, die vor allem durch die Tätigkeit der Zisterziensermönche befördert wurde, führte bald zu Stadtgründungen und dem Bau großer Stadtpfarrkirchen. Die Greifswalder Marienkirche ist eine der ersten Kirchen in Pommern, die der Gottesmutter geweiht wurden.

Als die Zisterziensermönche in den Slawenkämpfen Dargun verlassen mußten, ließen sie sich in Eldena nieder; 1204 wurde hier ihre Neugründung von Papst Innozenz III. bestätigt und 1207 von Jaromar I. mit reichem Landbesitz beschenkt. Von hier aus gründeten die Mönche mit Siedlern, die aus dem Reich herbeigeholt worden waren, die Stadt Greifswald. 1250 wurde ihr lübisches Recht zuteil. Der Einfluß der Mönche auf die aufblühende Handelsstadt war so bedeutend, daß dem Kloster 1280 das Patronat über die Greifswalder Marienkirche bestätigt wurde.

ELDENA
RUINE DER
KLOSTERKIRCHE
Mitte 13. Jahrhundert
bis um 1400

LEHNIN
KLOSTERKIRCHE
Westfassade, 1270

Mit der Klosterkirche Lehnin war der zisterziensische Baustil in der Mark Brandenburg begründet worden. Neue Tendenzen, aus den geistigen Grundsätzen des Ordens geboren, brachen sich Bahn.

Chorin
Zisterzienser-
Klosterkirche
1273–1334
Westfassade

Klausur von Südosten
mit den Arkaden
des südlichen Langhauses

Der Bau von Kloster Chorin entstand, als zwischen 1270 und 1272 die erste Lehniner Tochtergründung Mariensee am Parsteiner See beschlossen wurde. Die vom Lehniner Mutterkloster vorgegebenen Bauideen wurden aufgegriffen und vollendet. In der eingangslosen Schauwand der Westfassade, die von einer großen Dreifenstergruppe beherrscht wird, ist der Höhepunkt zisterziensischer Baukunst erreicht. Chorin war Hauskloster der Markgrafen von Brandenburg. Ihre Herrschaftsansprüche manifestierten sich im Bau der Klosterkirche. Sie gingen mit den Geboten zisterziensischer Baukunst eine einzigartige Synthese ein, die den besonderen Charakter dieses Bauwerks ausmacht.

5.
Ecclesia triumphans
Die Kirche im Zeitalter des Schismas

Halberstadt, Dom
13.–15. Jahrhundert

Während Kirche und Reich im 14. Jahrhundert in ihren Grundfesten erschüttert wurden, dem Exil der Päpste in Avignon das Schisma folgte, die Päpste ihrer der Welt gebietenden Macht beraubt wurden, wurden in den Städten die Kathedralen vollendet. Das, was die Summen der großen gelehrten Denker zusammenfaßte, was in den Gedankengängen Alexanders von Hales († 1245) und Alberts des Großen († 1280) nach einer Versöhnung von Glaube und Wissen strebte, in den Lehrmeinungen eines Thomas von Aquino († 1273) in der harmonischen Verbindung von Vernunft und Offenbarung eine klassische Lösung fand und in den Ansichten des großen Mystikers Bonaventura († 1274) in der Schau des unfaßbaren Gottes gipfelte, hatte in den Kathedralen Gestalt angenommen. Verstand und Empfinden, Glaube und Wissen, heiliges Geschehen und irdische Demonstration von Macht haben sich an und mit diesem Bauwerk entwickelt. Seine Bildwerke führen dem Betrachter den Kosmos vor Augen. Die Themen belehren, propagieren, sie versuchen, ungewollte Strömungen in gewollte Bahnen zu lenken, sie predigen und fangen in bisher unbekanntem Maße an, die religiösen Themen irdischem, menschlichem Empfinden anzunähern.

Die Kathedralen entstanden im Mit- und Gegeneinander der Städte, ohne sie sind jene nicht denkbar. Die Kathedrale wurde jetzt vom Bürgertum genutzt, um eigene Ideen zu artikulieren. Seit der Mitte des 13. Jahrhunderts hatte das Patriziat die Baugestalt der Kathedrale für seine eigenen Kirchen übernommen, seit der Mitte des 14. Jahrhunderts aber hatte sich das städtische Bürgertum in den Hallen seiner Pfarrkirchen einen Kultraum geschaffen, der seinem Empfinden adäquat war. Dem universalen Anspruch der Kathedrale, Träger einer Idee zu sein, hatte diese Kirchengestalt entsagt. In ihr kam die Gleichheit der Bürger zum Ausdruck. Die Hallenkirche demonstrierte Selbstbewußtsein, nicht mehr Macht.

Ihr zu gehorchen war nach Meinung der Theologie unabdingbare Voraussetzung für das Heil. 1302 begründete Bonifatius VIII. (1294–1303) dies in der Bulle »Unam sanctam«, noch einmal faßte er die Lehre von den beiden Schwertern, der weltlichen und der geistlichen Gewalt, zusammen. In hochfliegendem Anspruch vertrat er die Absicht, die universale Herrschaft über die Welt unter der Tiara zu vereinen. Am Widerstand des französischen Nationalstaates zerbrach er. Die Ohnmacht des Papsttums hatte sich erwiesen. Im Handstreich von Anagni wurde Bonifatius gefangengenommen. Der Sturz der päpstlichen Weltherrschaft war vollzogen. Der das gesamte späte Mittelalter durchziehende Kampf um die Organisation der Kirche, ihre Anpassung an die neuen gesellschaftlichen Verhältnisse begann. 1309, mit der Übersiedlung des Papstes nach Avignon, hatte er sich vollends in die Hand der französischen Krone begeben.

Anders dagegen im deutschen Reich.

Hier fand der letzte Kampf zwischen Papstgewalt und Kaisertum statt. Johannes XXII. mischte sich in den deutschen Thronstreit ein und belegte Ludwig den

Bayer mit dem Bann. Dieser stellte einen Gegenpapst auf, konnte aber seinen Machtansprüchen keine Geltung verschaffen. Endlich entschlossen sich 1338 im Kurverein zu Rense die Kurfürsten, den rechtmäßig gewählten König auch ohne die Salbung durch den Papst als römischen Kaiser anzuerkennen.

Mit dem Exil der Päpste sank die sittliche Verfassung des Papsttums. Die Entwicklung der Geldwirtschaft und der Verlust der römischen Einkünfte ließen vor allem unter Johannes XXII. ein ausgeklügeltes fiskalisches System entstehen. Besteuerung des Klerus, Pfründen- und Ämterschacher, Ausbau des Ablaßsystems wurden zu Quellen, die die Geldgier der Kurie sättigen sollten. 1323 bestritt der Papst die Lehre von der Armut Christi, die eine Grundlage des Franziskanertums war. Eine der wichtigsten Säulen, die lange die Macht des Papsttums getragen hatten, war zum Einsturz gebracht.

»Erlesenheit« und »Überfluß« in Ausstattung und Abmessungen ihrer Kirchen schienen den Minderbrüdern, den Franziskanermönchen, verwerflich. Ihre Kirchen waren turmlos, der Hallenraum blieb ohne Querschiff, bestimmt für eine große Gemeinde, die Zuhörerschaft der Predigt. Gerade die Predigt war in den Augen der Franziskaner ein wirksames Mittel, Einfluß auf den Menschen zu nehmen. Eine neue Hinwendung zum Menschen, eine Anerkennung seiner selbst brach sich Bahn. Der Kunst öffneten sich neue Wege und Möglichkeiten. Die »Geburt Gottes in der Seele« ist vor allem für die dominikanische Mystik der Mittelpunkt der Frömmigkeit; namentlich in den Frauenklöstern blühte sie auf.

In den Predigten und Schriften Meister Eckarts (geboren um 1260 in Hochheim bei Gotha, von 1303–1311 Ordensprovinzial über die Dominikanerprovinz Sachsen), Johann Taulers (1300–1361) und Heinrich Seuses (um 1295–1366) wurden diese Gedanken in den Laienkreisen verbreitet.

Nicht nur die Mystik, die doch im wesentlichen elitären Charakter besaß und die unteren Volksschichten nur mittelbar erreichen konnte, sondern auch die Volksfrömmigkeit wirkte stark auf die Bilder in den Kirchen ein. Nicht zuletzt aber auch leidvolle Erfahrungen des Menschen selbst. Sie wurden genährt aus der großen Pestepidemie von 1348/49, den Geißlerzügen und der Ketzerbewegung.

An der Spitze dieser Andersdenkenden standen die Waldenser. Sie besaßen unter den »kleinen Leuten« in den Städten und auf dem Land zahlreiche Anhänger. Brandenburg, Pommern und Mecklenburg hatten sich dieser Häresie ebenso geöffnet wie die sächsisch-thüringischen Gebiete. Es waren die Überwindung der reichen Kirche des feudalen Staates und die Sehnsucht nach der Urkirche des armen Christentums, die den Vorstellungen des einfachen Mannes entsprachen und das Waldensertum zu einer Massenbewegung anwachsen ließen.

Absolute Armut, die zur Gottgleichheit führen mußte, war das Ziel der freigeistigen Häresie der Beginen und Begarden. Erfurt, eine der volkreichsten Städte im späten Mittelalter, entwickelte sich zu einem ihrer Zentren.

ZWEI HEILIGE
AUS DEM BÖHMISCHEN
ALTAR
Brandenburg, Dom
um 1375–1380

188

Die Berufung allein auf das Gesetz Gottes war ein wesentliches Agitationsmoment der Ketzer. Übersetzungen der Bibel aus dem Lateinischen wurden häufiger. Dadurch verringerte sich die Möglichkeit, nur dem Klerus »genehme« Bibeltexte zu verlesen. Der böhmische Einfluß machte sich hier wie allenthalten im Reich bemerkbar. Seit Karl IV. war Prag zum Zentrum des Reiches geworden.

Volkstümlich-erzählende Momente breiteten sich in den Bildern aus, Andachtsbilder entstanden. Sie waren als fromme Stiftungen nicht nur Ausdruck privatester Glaubenserlebnisse, sondern sie konnten auch benutzt werden, um die gläubigen Massen zu beeinflussen. Mystik und Volksfrömmigkeit, Dogmenlehre und gesteigertes Realitätsempfinden ließen neue Themen zum Bild werden. Dazu gehörten das Vesperbild, der Schmerzensmann und die Mater dolorosa ebenso wie Hostienmühle und »Schöne Madonna«.

Im Zeitalter des Schismas und der hussitischen Revolution mußte die Kirche verstärkt dem Antiklerikalismus entgegenwirken und die Dogmen des rechten Glaubens propagieren. Vor allem auf die Rechtmäßigkeit des Meßopfers mußte immer wieder hingewiesen werden. Die Verteidigung des mit ihm verbundenen Verzichts auf den Laienkelch ist als Reaktion auf den Hussitismus zu verstehen.

Der Altar nahm jetzt in der Bildpropaganda eine neue, bestimmende Rolle ein. Der Flügelaltar entstand. Er wiederholte in neuer Weise die einst der Gesamtheit der Kathedrale zugedachten Aufgaben. In sie teilten sich Plastik und Malerei. Die Themen der gesamten Heilsgeschichte wurden auf den Altären dargestellt. Ihr Bild konnte den Erfordernissen des Tages entsprechend gewandelt werden: Geschlossen, die bemalten Rückseiten ihrer Flügel zur Ansicht, zeigten sich die Altäre an den Werktagen, geöffnet glänzte an den Sonn- und Feiertagen das Schnitzwerk des Mittelschreines und der Innenseiten der Flügel in festlicher Pracht.

Vor den Altären wurden ungezählte Messen »gelesen« und stille Gebete der privaten Andacht verrichtet. Allerdings ließ sich der Geistliche die Fürbittegebete, Toten- und Gedächtnismessen bezahlen, »geglaubt« wurde fast nur noch vom »gemeinen Mann«.

Er sah Gesichter, hörte Stimmen, die Passionsspiele versetzten ihn in ekstatisches Mitgefühl. Im realen Anschauen der Bilder lag der Keim zu Neuem. Es dämmerte herauf im Inhalt und in der Form. Aber bei allem Hang zum Persönlichen, Privaten bleibt den Bildern doch eines anhaften: sie überhöhen, überspitzen, verallgemeinern. Das Geschehen, das den einzelnen betrifft, schlägt sofort um in das allgemein Gültige. Höllenfahrt und Erlösung, Askese und Genußsucht, das Antlitz der Madonna wie die Grimasse des Henkersknechtes gehören dazu. Schönheit und Leiden, Haß und Liebe, Sehnsucht und Gegenwart sind die Pole, um die sich das Menschheitsgeschehen dreht.

Jahrhunderte haben an ihm gebaut, seine Gestalt als Abbild des himmlischen Jerusalem verstehend und deutend, sich immer an Neuem orientierend, aber stets aus Eigenem schöpfend. Der Halberstädter Dom bietet sich uns dar als der Ausdruck vollkommener Schönheit, die ihr Maß empfängt aus der Einheit der Gedanken und dem Reichtum des Handelns – Sinnbild der Geistesgröße des Menschen.

HALBERSTADT, DOM
Nordseite

SCHWERIN, DOM
Inneres nach Osten
1270–1374

Der Dom ist Bischofskirche: Gleich einer Prozessionsstraße strebt das Langhaus dem Chorhaupt, an das sich der Kapellenkranz anschließt, zu. Der lange Chor und das dreischiffige Querhaus gehören zu den Bauformen der klassischen Kathedralgotik.

Magdeburg, Dom
Blick auf die Dächer der Basilika

In der lastenden Wucht des Kreuzes dieser Dächer wird etwas spürbar vom Herrschaftsanspruch der Kirche gegenüber dem Befreiungsstreben des Stadtbürgertums. Während der Bauzeit des Domes hatte es jahrelang unter der Acht des Kaisers und dem Bann des Papstes leben müssen.

Westportal, 1306–1310

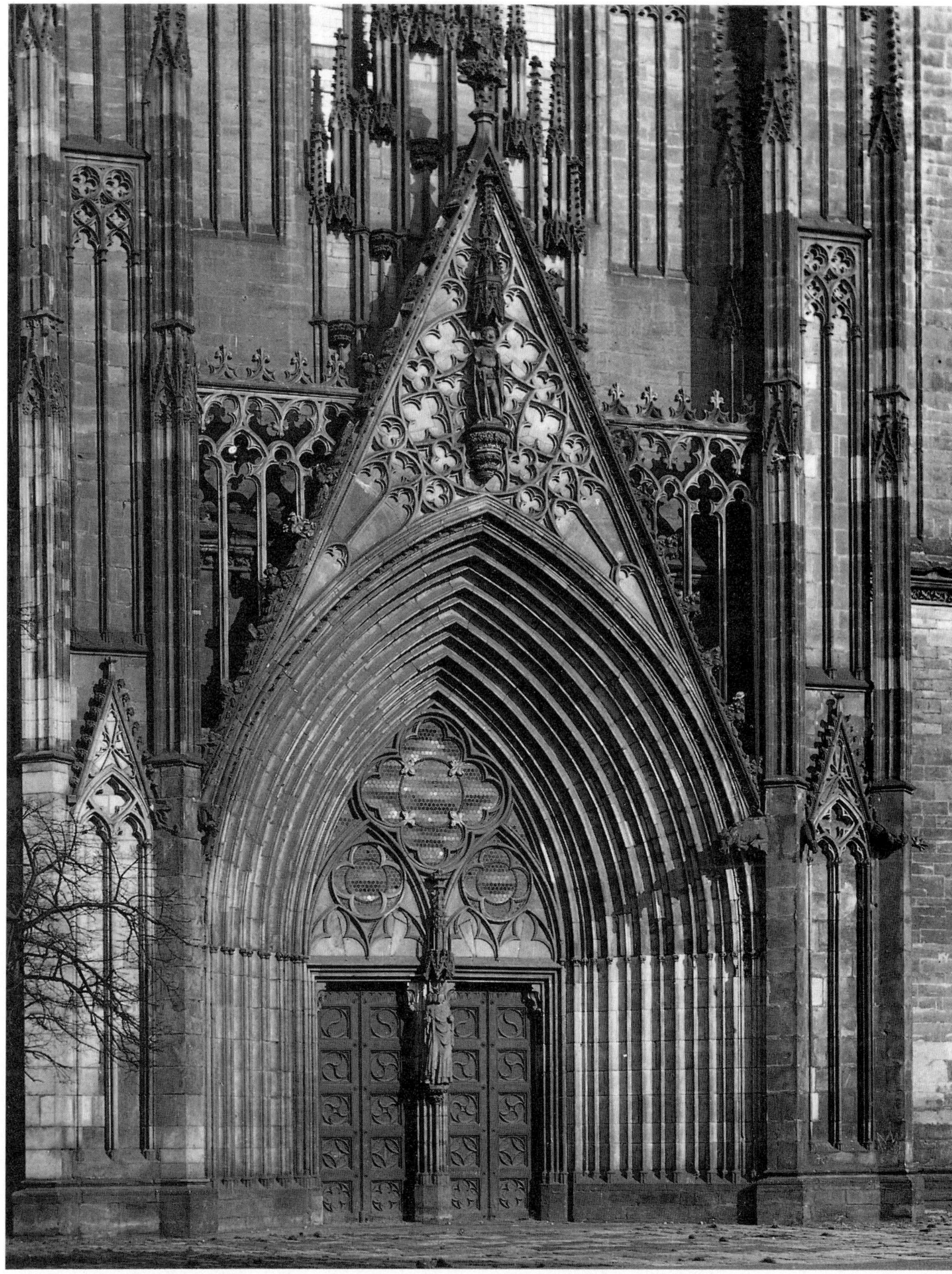

Nicht Christus steht in der Mitte des schluchtenden, spitzbogigen Portales mit seiner steil aufgiebelnden Bekrönung, sondern das Standbild Ottos I. mit Krone und Zepter ist an seine Stelle gerückt worden. Erzbischof Burchard III. hatte das Bildnis weltlichen Herrschertums gegen das Aufbegehren städtischen Bürgersinns für eigene Machtansprüche adaptiert.

Erfurt, Dom
Sogenanntes Triangel
um 1320

Kluge Jungfrauen vom Westportal

Im zweiten Jahrzehnt des 14. Jahrhunderts wurde am Nordquerhaus das Hauptportal errichtet. Sein inhaltliches Programm deutet ganz im Sinne der französischen Kathedrale auf die das Heil bringende Kirche hin. Auch der Stil der Plastik selbst orientiert sich an älteren Traditionen. Es ist die Zeit, in der der Mainzer Erzbischof einem stark und mächtig gewordenen Bürgertum nur Scheinrechte abtrotzen konnte. Das Bildprogramm weist sich als feinnerviger Seismograph politischer Entwicklungen aus.

Apostel, Ostportal

Erfurt, Dom

Hochchor, 1349–1370

Mit den gewaltigen Substruktionen, die dem Neubau des Chores voraufgehen mußten, bietet sich uns ein großartiges Architekturbild der »Ecclesia maior«. Seit der Gründung des Bistums in Erfurt durch Bonifatius im Jahre 742 war die Marienkirche bischöfliche Kathedralkirche.

Die Severikirche ist eine der ersten Hallenkirchen in Mitteldeutschland. In ihrer imposanten Ausdehnung nimmt die fünfschiffige Halle Grundtendenzen voraus, die erst die Baukunst der spätesten Gotik bestimmen sollten.

ERFURT
SEVERIKIRCHE
um 1330 beendet
Blick in die Säulenhalle

Fast vollständig und unverändert ist die Farbverglasung erhalten. Sie läßt noch heute etwas vom Geheimnis und der Vorstellungswelt mittelalterlicher Gotteshäuser ahnen. Szenen aus dem Leben Jesu, der Propheten und Könige, Bilder von Aposteln, Engelschören, den klugen und törichten Jungfrauen waren dem Gläubigen ein Sinnbild des Lobpreises auf Maria, die Mutter Gottes. Sie war Inkarnation der Tugend und Weisheit, Symbol der Ecclesia.

HALBERSTADT, DOM
MARIENKAPELLE
1354–1362

Detail
Verkündigung an Maria

DOBERAN
ZISTERZIENSER-
KLOSTERKIRCHE
nach 1291–1368

Im Zeitalter des nach politischer Macht strebenden Bürgertums, das sich in der Kathedralform seiner Pfarrkirchen ein unverwechselbares Denkmal gesetzt hatte, übernahm auch die Mönchskirche deren Baugestalt. 1336 wurde der Chor vollendet.

ERFURT
SEVERIKIRCHE
Fensterrose
des südlichen Langhauses
um 1300

Graduale und Sequentiarium

13./14. Jahrhundert
Leipzig, Universitäts-bibliothek

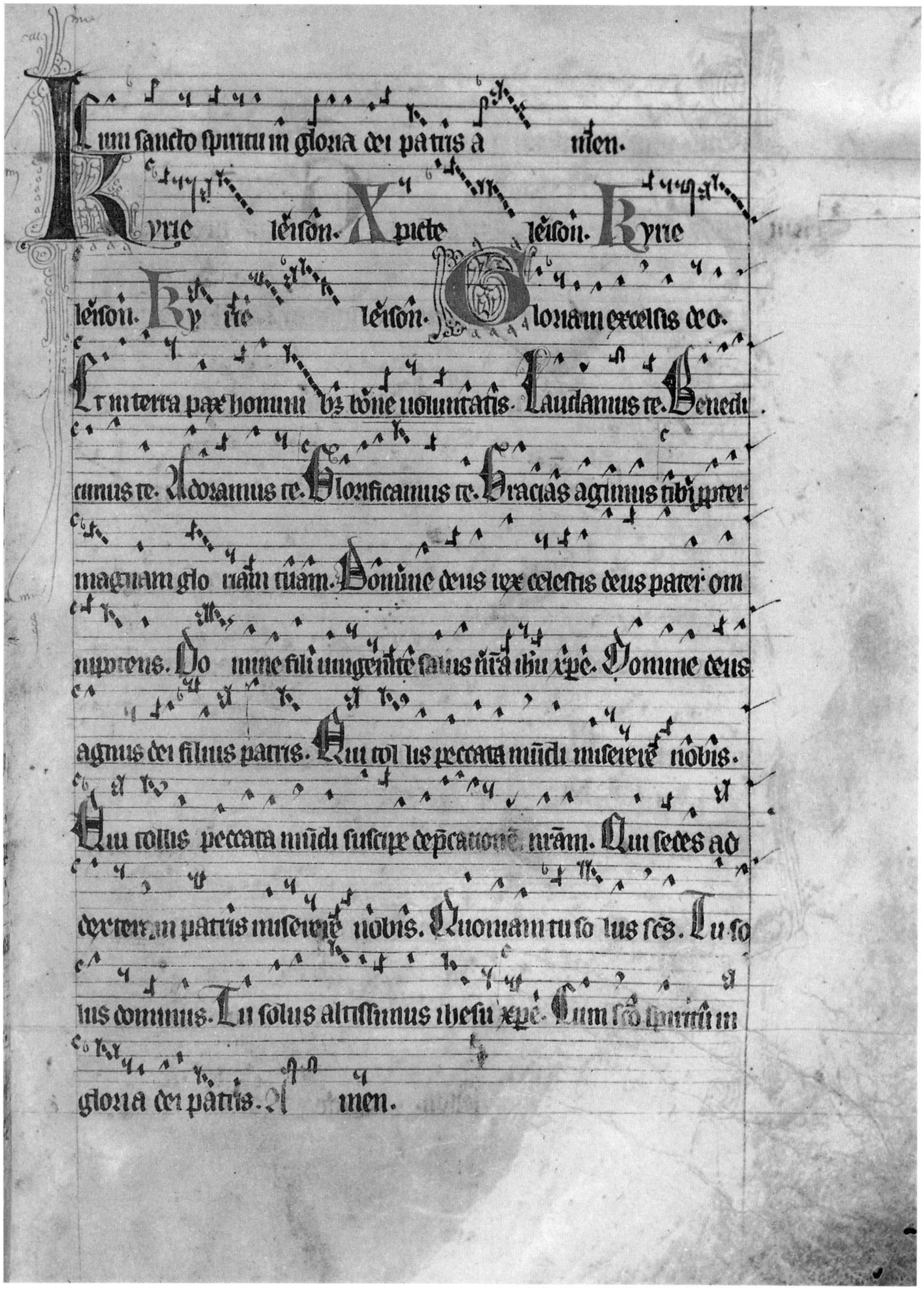

Das Buch mit den Meßgesängen stammt aus der Leipziger Thomaskirche. Für die hier lebenden Augustiner-Chorherren war die Ausübung des Gesanges in Messe und Offizium von großer Bedeutung. Das Thomas-Graduale gehört zu den bedeutendsten Choralhandschriften, die wir besitzen.

Psalterium

14. Jahrhundert

Leipzig, Universitäts-bibliothek

Initial mit singenden Mönchen

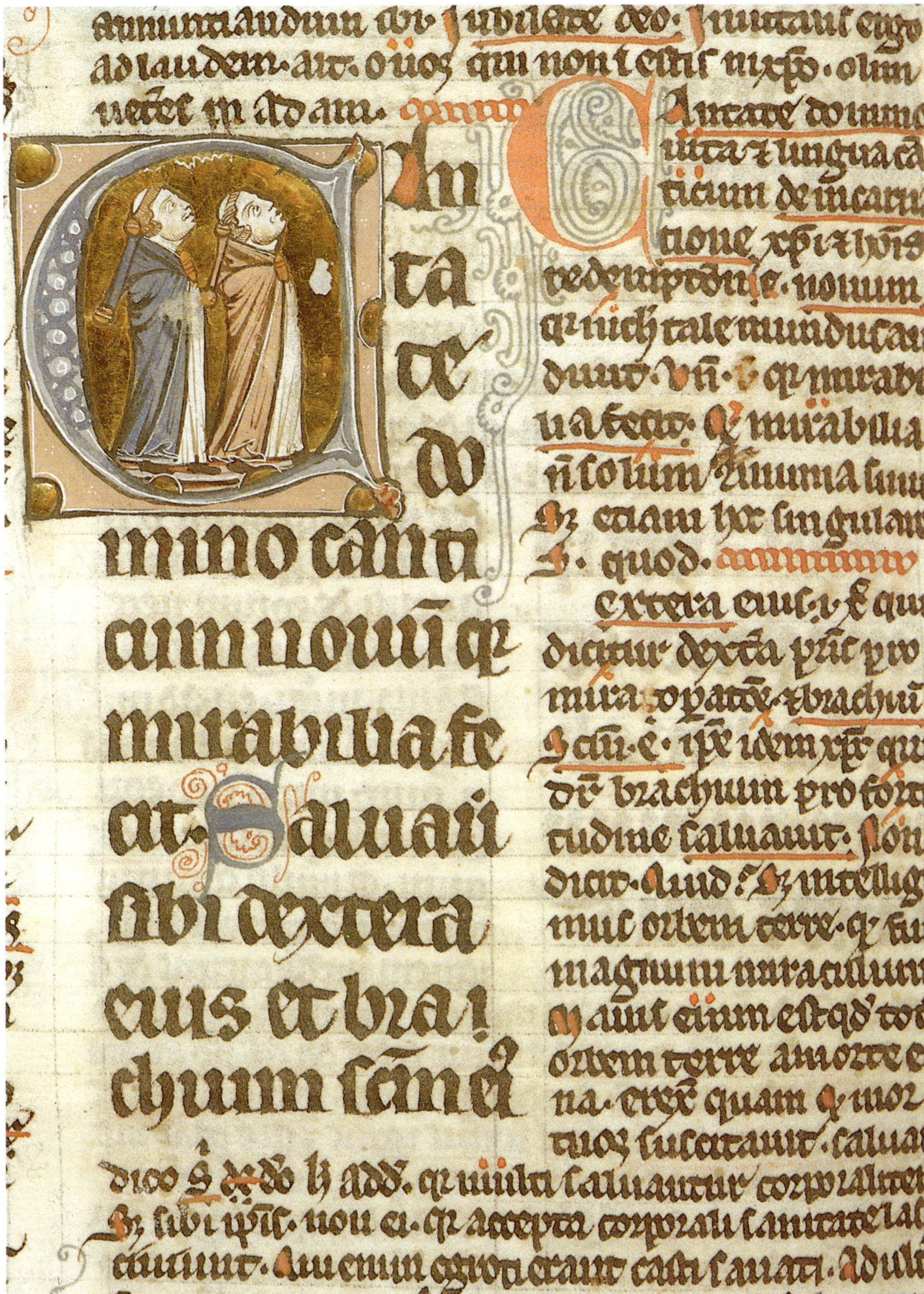

Die aus dem Predigerkloster in Leipzig stammende Handschrift ist mit zahlreichen figürlichen Initialen geschmückt.

Das Psalterium, das Buch mit den Psalmen für das kirchliche Stundengebet, stand im Mittelpunkt mönchischen Lebens. Diese Psalterien bestimmten in starkem Maße die gesamte mittelalterliche Frömmigkeit.

Wie sehr der Zeitgenosse den Bau der Kirchen und Kathedralen als Wohnung Gottes verstanden hatte, zeigen die Illustrationen des Textes aus dem 2. Buch Mose.

Nicolaus de Lyra (um 1270–1340), Zeitgenosse Wilhelm von Occams, Lehrer an der Sorbonne, war ein bedeutender Vertreter der Spätscholastik. Die Handschrift mit der Erklärung der fünf Bücher Mose (dem Pentateuch), stammt aus dem Kloster Altzelle.

NICOLAUS DE LYRA
EXPOSITIO
IN PENTATEUCH
Mitte 14. Jahrhundert
Leipzig, Universitätsbibliothek

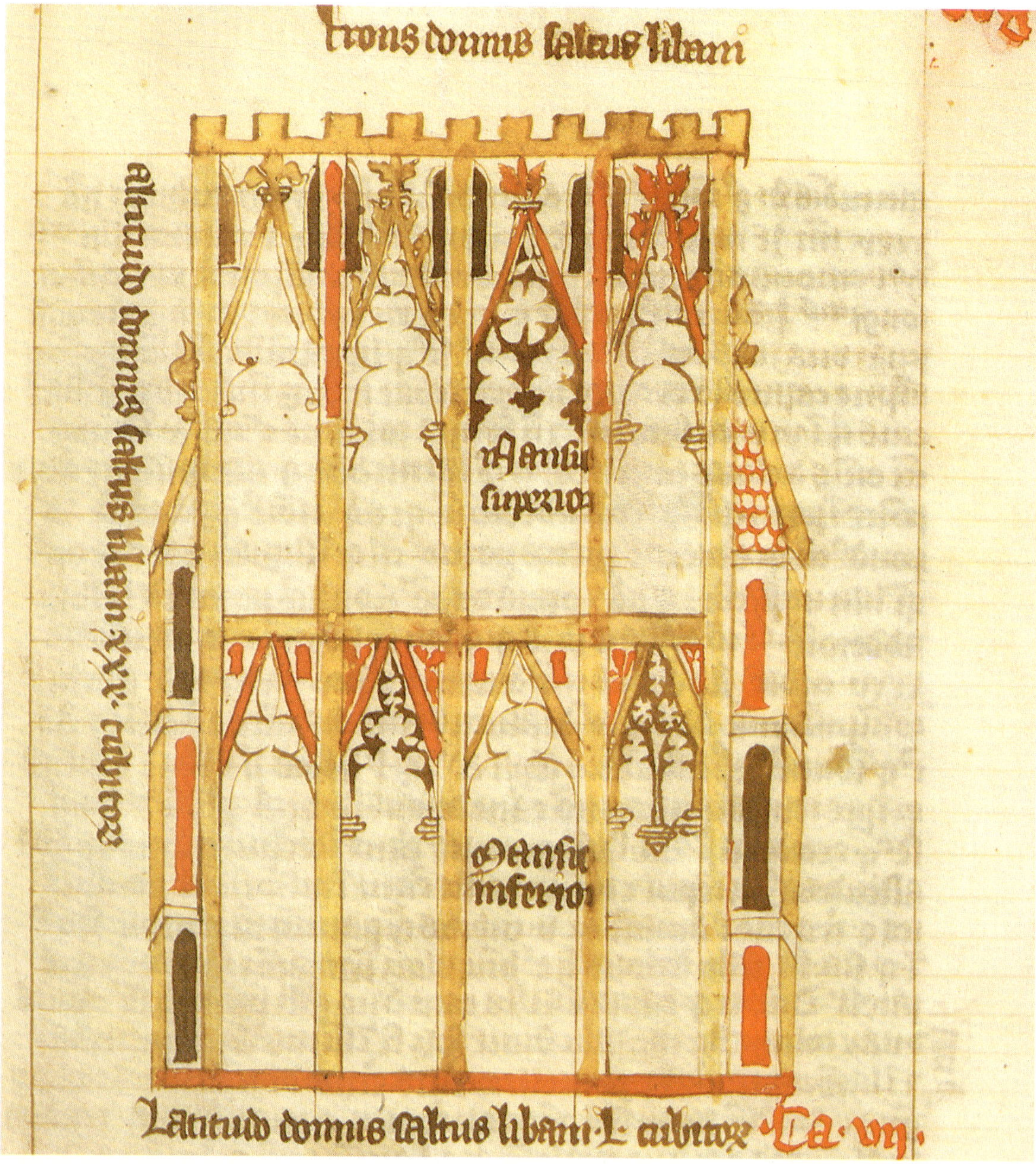

Der prachtvolle Giebel mit seinem reichen Stab- und Maßwerk unterstreicht die Bedeutung des Bauwerks. »Bauherr« war das Bürgertum der Stadt, das sich 1331 in einer Fehde gegen den Landadel siegreich behauptet hatte. Die neue Kirche gab auch neuem Empfinden Ausdruck: Die Trennung von Priester- und Laienkirche wurde im Hallenraum, der den Chor einschloß, aufgehoben.

PRENZLAU
MARIENKIRCHE
Ostgiebel
1325 bis um 1340

FRIEDLAND
MARIENKIRCHE
um 1330

Sie wurde nach dem Vorbild der Kirche in Neubrandenburg errichtet. Die Pfarre dieser Kirche war eine der ertragreichsten Pfründen. Sie war verbunden mit der Propstei in Havelberg. Die Pröpste von Friedland waren außerdem nicht nur Domherren in Kammin und Lübeck, sondern auch in Hildesheim und Halberstadt.

Wismar
Heiliggeist-
Spitalkirche
Mitte 14. Jahrhundert

Im mittelalterlichen Stadt- und Gemeindeleben nahm die Krankenfürsorge einen wichtigen Platz ein. Sie wurde sowohl von Laienbrüdern und Mönchen als auch von Rittern geistlicher Orden ausgeübt. Der Orden vom Heiligen Geist (Barmherzige Brüder) wurde schon 1198 in einen bürgerlichen Hospitalorden umgewandelt. Im Verlaufe des 13. Jahrhunderts löste er alle vorher gegründeten Einrichtungen der Armen- und Krankenpflege ab. Die Kirchen und Kapellen der Spitäler sind meist schlichte Bauten.

Die neustädtische Pfarrkirche der Freien Reichsstadt ist der monumentalste Hallenbau in Thüringen.

Das Besondere der Mühlhäuser Marienkirche liegt nicht nur in der Größe und Schönheit ihrer Halle, sondern vor allem im Bildprogramm der südlichen Querhauswand. Im Kontext von thronendem Christus und der Anbetung der Könige erscheinen die Figuren des Kaisers und seiner Gemahlin. Vor dieser Schauwand legte der Rat den Huldigungseid auf den Kaiser ab. Das Bildprogramm der städtischen Pfarrkirche wird zu einer Demonstration des Kultes um den Kaiser. Dieser verstand sich in der Nachfolge Karls des Großen als Schutzherr des Reiches und der Kirche.

Mühlhausen
Marienkirche
Portal des Südquerhauses

Altanfiguren

Gesamtansicht, um 1317

HEILIGENSTADT
MARTINIKIRCHE
Diakon als Pulthalter
um 1320

Diakon bedeutet Diener. Die Hingabe an sein Amt, Träger des Pultes für die heiligen Bücher zu sein, ist in der verhalten pulsierenden Lebendigkeit der Plastik auf das schönste ausgedrückt.

HEILIGENSTADT
MARTINIKIRCHE
Konsolfigur
Lesende Nonne
um 1320

»Ort der heiligen Männer«, so wurde im Jahre 1144 Heiligenstadt in einer Urkunde des Mainzer Erzbischofs bezeichnet. Im Martinsstift bewahrte man die Leichname der Märtyrer Aureus und Justinus auf. Beide Männer sollen durch die Hunnen den Tod erlitten haben. Als das Stift aufgehoben wurde, kamen sowohl die Reliquien als auch der Grabstein in die Pfarrkirche St. Ägidien.

HEILIGENSTADT
ST.-ÄGIDIEN-KIRCHE
Grabstein der Heiligen Aureus und Justinus
1. Drittel 14. Jahrhundert

An der Wange des Mönchsgestühls finden sich die Darstellungen der Heiligen Benedikt und Bernhard. Sie sollten den Mönchen ständig vor Augen geführtes Beispiel sein. Zugleich sind sie aber auch Abkehr von der geforderten Regel der Bilderlosigkeit.

DOBERAN
KLOSTERKIRCHE
Chorgestühl, um 1310

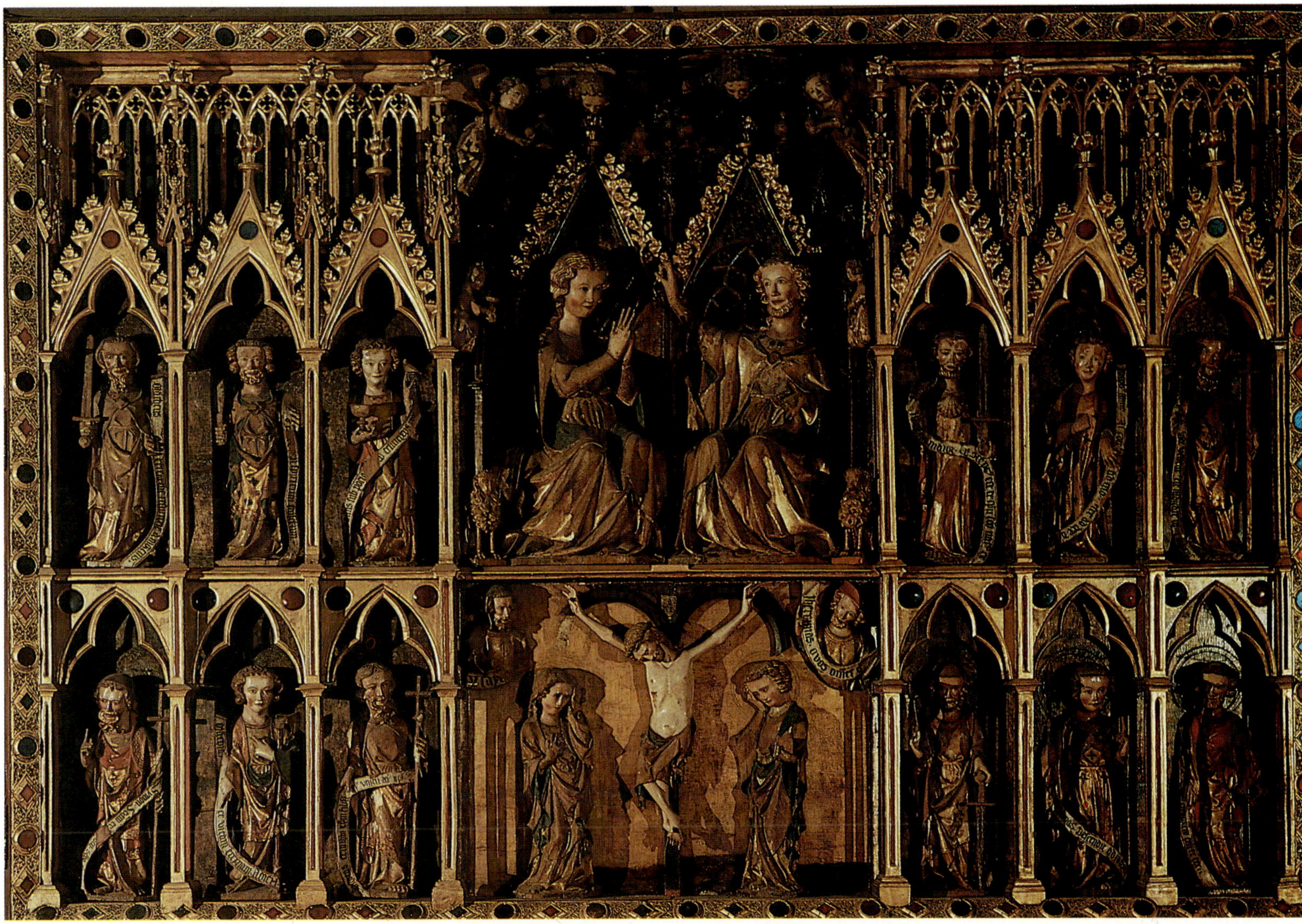

Die Trostlosigkeit des Kreuzestodes wird durch Darstellungen sogenannter Gabelkreuze oftmals bis zur Unerträglichkeit gesteigert. Diese Bilder sind nicht nur Ausfluß nach ekstatischem Ausdruck drängender mystischer Glaubenssehnsucht, sondern Ergebnis zutiefst erfahrenen eigenen Leides. Im Zeitalter der Pestepidemien, der Geißler und Bußprediger wurden diese Kreuze als Pestkreuze bezeichnet.

Rossow
Dorfkirche
Altar mit Kreuzigung
um 1330

Geben die Vesperbilder einen erschütternden Ausdruck menschlichen Schmerzes, so künden die Bildwerke, die den Jünger Johannes an der Brust seines Herrn ruhend zeigen, von der unmittelbaren Liebe zu Gott. Diese Themen finden sich nicht immer in direktem biblischem Geschehen. Die Andachtsbilder sind Zeugnisse menschlicher Gefühlstiefe.

CHRISTUS-JOHANNES-GRUPPE
um 1350
Berlin, Staatliche Museen

In einem Zeitalter, in dem der Gläubige danach strebte, direkten Anteil am liturgischen Geschehen zu erhalten, der Bürger Hallenkirchen errichtete, in denen die »Ungleichheit« zwischen Priester und Laien aufgehoben war, wurde ihm auch sein Gott zum »Menschen-Bruder«. Mitleidend an der Qual des Erlösers, angerührt vom unsagbaren Leid der Mutter, entstanden in den Vesperbildern des frühen 14. Jahrhunderts Andachtsbilder, vor denen der Gläubige Halt in eigenem Schmerz und Trost durch das Leiden seines Gottes erfahren konnte.

PIETÀ
NAUMBURG, DOM
um 1320/30

Das Blut, das aus Christi Wunden strömt, trifft als ein schneidendes Schwert Maria. Die Gottesmutter wird durch diesen Schmerz besonderer Gnade gewürdigt. Durch sein Leiden und Sterben ermöglichte Christus selbst die Einsetzung der Eucharistie in der alleinseligmachenden Mater ecclesia. Der lehrhaft-symbolische Sinn vermischt sich mit den Ansprüchen des Andachtsbildes und soll in ständigem Anschauen die gläubige Seele erfüllen.

MEDITATIONSTAFEL
um 1330
Schwerin, Staatliches Museum

Kreuzigung
Wandmalerei
Stralsund, Nikolaikirche
um 1335

Ohne daß dramatische Handlungsabläufe das Geschehen auf Golgatha illustrieren, wird im Atmen der Linien und in der Sprache der Gebärden ein ausdrucksstarkes, tiefinnerliches Hineinversenken in den Schmerz ergreifendes, weil als wahr empfundenes Abbild. »Meine Seele ist betrübt bis in den Tod …« (Mt 26, 38). Wandmalereien wie die der Nikolaikirche in Stralsund sind in ihrer Art nur noch selten erhalten und stehen auf der Höhe der Zeit.

Passionsdarstellungen oder Christus, Maria und Apostel sind immer wiederkehrender, Bezug auf das Meßopfer nehmender Schmuck der Kelche.

Der Kelch aus Malchin gehört zu den ältesten und schönsten seiner Art, die in Mecklenburg entstanden.

Kelch
Malchin
Stadtkirche
Anfang 14. Jahrhundert

Kelch
Ludwigslust
Schlosskirche
1330–1337

»Mensa Christi est illa in medio constituta« – der Tisch Christi ist jener, der in der Mitte errichtet ist. Inmitten der Kirche hatte der Kreuzaltar, an dem das Meßopfer vollzogen wurde, seinen Platz. In außerordentlicher Vollkommenheit nimmt der plastische Schmuck des Doberaner Kreuzaltares darauf Bezug. Die Konversen, die Laien, nahmen im Angesicht der Christusseite am Meßopfer teil, dem Mönchschor war die Marienseite, die immer die Ecclesia selbst verkörpert, zugewandt.

Kreuzaltar
Klosterkirche
Doberan
Christusseite, 1368

ERFURT
AUGUSTINERKLOSTER
um 1310
Kirche von Norden

Kreuzgang

Der Bau ist gekennzeichnet von großer Einfachheit und Strenge. In dieses Kloster der Augustinereremiten trat 1505 Martin Luther ein. Der Augustinerorden war ein Bettelorden. Das Betteln sollte der Erziehung zur Demut dienen.

Im Dominikanerorden erhielt die mystische Verehrung der Maria besondere Intensität. Meister Eckhart und Johannes Tauler, die bedeutendsten Vertreter der Mystik, waren Dominikaner. Bilder des Todes Mariae sind Ausgangspunkt für zahlreiche Predigten, in deren Mittelpunkt die Sehnsucht der gläubigen Seele steht, in Gott ruhen zu können.

Tod der Maria
Wandmalerei, Predigerkirche
1. Hälfte 14. Jahrhundert

Erfurt
Predigerkirche
Ansicht von Westen
nach 1278–1370

Die Bettelorden bauten ihre Gotteshäuser an den Rand der Stadt. Die Kargheit im Detail der turmlosen Bauten bedeutete Verzicht auf Repräsentation. Der Einheitsraum der Hallenkirche ist ganz auf das Ziel des Ordens ausgerichtet: die Predigt an eine große Zuhörerschaft.

Innenraum nach Osten

Sogenannte
Schmedestettsche
Madonna
Erfurt, Predigerkirche
um 1350

Madonna
mit den springenden
Hirschen
Erfurt, Angermuseum
um 1370

Allmählich verlor sich die Neigung, den Heiligen ein unreales Aussehen zu geben und sie dadurch vom Alltagsleben abzuheben. So wurde das Marienbild unmerklich zur Darstellung von Mutter und Kind.

Die ursprünglich der Großen Hospitalkirche in Erfurt gehörende Skulptur ist die älteste bekannte plastische Formulierung des aus der Apokalypse des Johannes stammenden Themas. Das Weib »mit der Sonne bekleidet und den Mond unter den Füßen« mochte den Gläubigen als ein Sinnbild der siegenden Kirche erschienen sein. Schon im Alten Testament wurde der Zorn Gottes mit dem untergehenden Mond gleichgesetzt. Die in dieser Zeit allgemein verbreiteten Weltuntergangsvorstellungen, die vor allem in Erfurt anzutreffenden freigeistigen Häretiker und die Bestimmung als Bildwerk für Kranke mögen den Schnitzer dieses Bildwerks inspiriert haben.

Sarkophag des heiligen Severus
um 1370
Erfurt, Severikirche

Die Reliefs schildern Szenen aus dem Leben des Heiligen. In der natürlichen Bildhaftigkeit liegt jetzt die Vergegenwärtigung der Glaubensinhalte. Die Reliefplastik dieses Sarkophags gehört zu den bedeutendsten sakralen Kunstwerken Erfurts. Die Gebeine des heiligen Severus, der Vicenzia und der heiligen Innocentia wurden als Reliquien verehrt.

Totenkult als Ausdruck gesteigerten Persönlichkeitsbewußtseins – die Bilder der Toten sind nicht mehr nur Repräsentationen eines Standes oder eine Idee, sondern Individualitäten von realistisch durchgebildeter Körperlichkeit mit porträtähnlichen Zügen.

Grabplatte
des Bischofs
Otto von Hessen
(† 1361)
Magdeburg, Dom

Grabplatte
des Weihbischofs
Albert von
Beichlingen
(† 1371)
Erfurt
Barfüße (Franziskaner)
Klosterkirche

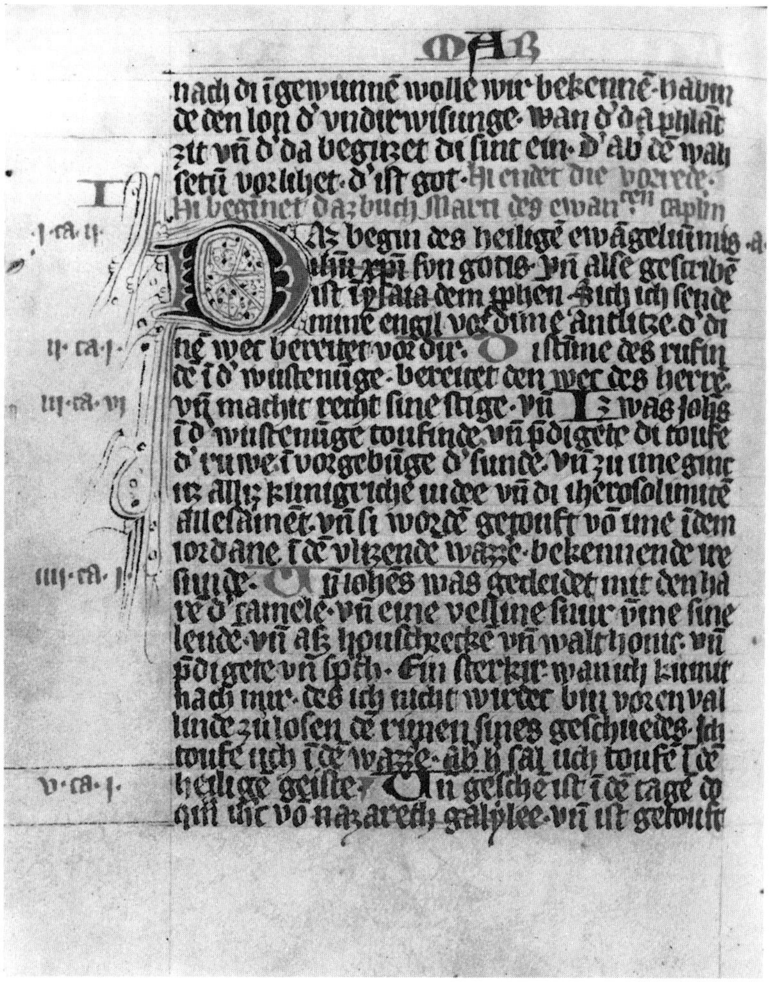

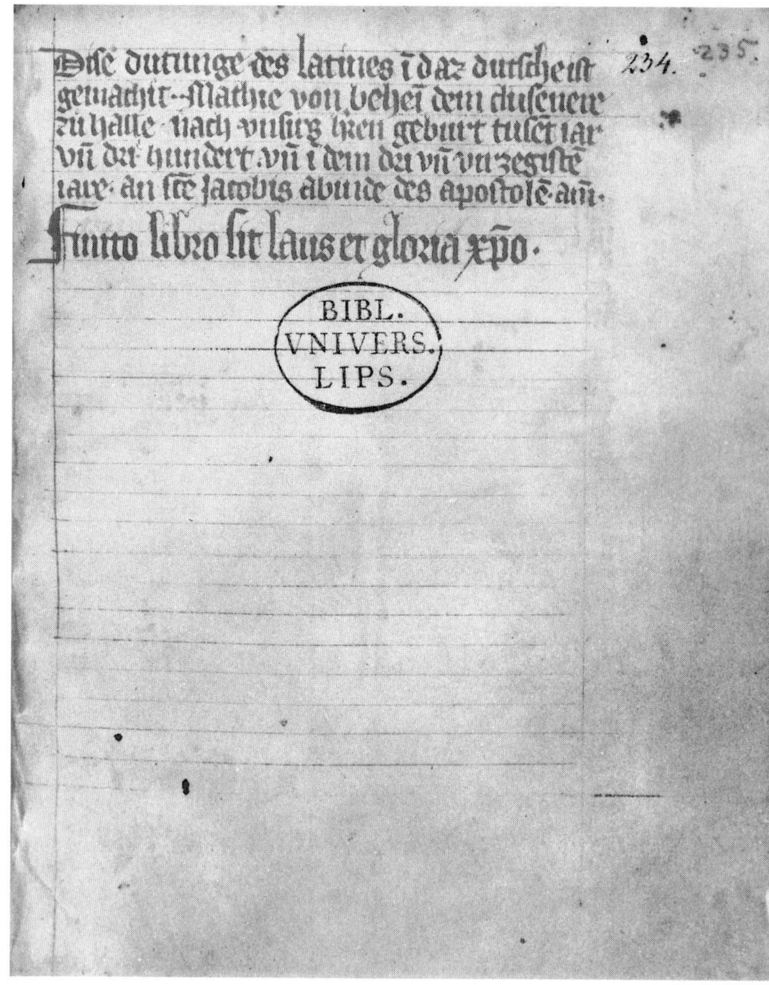

Die deutschen Bibelhandschriften sind ein wichtiger Markstein in der Emanzipation der Gläubigen vom damaligen Umgang mit dem kirchlichen Dogma.

Die Kenntnis des Bibeltextes gehörte keineswegs zum Allgemeingut der Gläubigen. Mangel an Bildung, die hohen Preise für eine Buchhandschrift als auch die kirchliche Zensur hielten die Weitergabe des Bibeltextes in streng kontrollierten Grenzen. Damit hatte sich die Kirche die Möglichkeit vorbehalten, nur die ihr und dem Dogma genehmen Texte durch den Priester verbreiten zu lassen.

Die erste deutsche Vollbibel entstand zwischen 1389 und 1400.

MITTELDEUTSCHES EVANGELIENBUCH
Halle 1343
Leipzig, Universitätsbibliothek

Armenbibeln oder Bibliae pauperum entstanden seit dem 13. Jahrhundert. Sie dienten vor allem zur Belehrung und Unterrichtung der »Armen im Geiste«. Die Bildfolgen sind typologisch angeordnet, d. h. einer Begebenheit aus dem Alten Testament stehen zwei Szenen aus dem Neuen Testament gegenüber. Die Handschrift stammt aus dem Benediktinerkloster in Erfurt.

ARMENBIBEL
um 1340
Weimar, Zentralbibliothek

Sogenannter
Böhmischer Altar
Brandenburg, Dom
um 1375–1380

Seitentafel mit Heiligen

Die in den scholastischen »Summen« enzyklopädisch zusammengefaßten theologischen Lehrmeinungen finden in den nun entstehenden Flügelaltären auf neue Art ihre bildliche Entsprechung. Der Krönung Mariens durch Gottvater wohnt eine Versammlung von Heiligen bei. Nicht nur im Bild, sondern auch in realer Präsenz – ehemals waren in der Predella Reliquienbüsten angebracht – zeugen sie von diesem Beschluß Gottes.

Der Altar ist vermutlich ein Geschenk Karls IV. oder des Bischofs Dietrich von der Schulenburg an den Brandenburger Dom.

Szenen aus der Predella:
Bekehrung Sauls,
Taufe und Predigt des Paulus

Das Antependium dient zur Verkleidung der Vorderfront des Altartisches. Es zeigt in der Mitte die Krönung Mariens, rechts und links Heiligenbilder. Das kostbare Kunstwerk stammt aus der Marienkirche in Pirna. Die Stickerei ist böhmisch beeinflußt.

PIRNAER ANTEPENDIUM
um 1360
Dresden, Museum für Kunsthandwerk

Wie in den Passionsspielen rollen die Szenen des Karfreitagsgeschehens vor uns ab: in überzeichneter Realistik ist die Konfrontation von Peinigern und Gepeinigtem gestaltet, bar jeglicher Hoheit ist Christus nicht mehr der triumphierende Herrscher, sondern der leidende Mensch.

Aus den reichlich fließenden Einnahmequellen des nahen Wallfahrtsortes Wilsnack konnte unter Bischof Johann von Wöpelitz dieses ausdrucksstarke Kunstwerk in Auftrag gegeben und vollendet werden.

LETTNERRELIEFS MIT SZENEN AUS DER PASSION CHRISTI
Havelberg, Dom
um 1400

Die heilsgeschichtlich-christologische Thematik des Altares ist im Hinblick auf das Meßopfer zu deuten. Im Mittelpunkt stehen Menschwerdung und Opfertod Christi. Im Anschauen der Tafeln konnte der Gläubige in eine persönlich empfundene Beziehung zum Göttlichen treten, durch meditative Schau der Verheißung teilhaftig werden.

AUGUSTINER-ALTAR
Erfurt, um 1370
Angermuseum
Schmerzensmann – Flügelaußenseite

Conrad von Einbeck
Schmerzensmann
Halle, Moritzkirche
1416

Alle Merkmale der Himmelskönigin sind der klagenden Mutter Gottes genommen. Es ist die Frau aus dem Volk, die mit geballten Händen dem Leid der Welt, das ihr eigenes ist, ohnmächtig gegenübersteht.

Die Bilder mit der Darstellung des Schmerzensmannes sind Andachts- und Kultbilder zugleich. In ihnen wurde die Möglichkeit genutzt, den Gläubigen die während der Messe durch den Priester vollzogene Wandlung des Brotes in den Leib Christi und des Blutes in den Wein sinnbildlich vor Augen zu führen.

Der Schmerzensmann wird nicht als toter, sondern als lebender Gott abgebildet.

CONRAD VON EINBECK
SCHMERZENSMUTTER
Halle, Moritzkirche
1416

Madonna mit Stiftern
Magdeburg, Dom
vor 1400

Um Gott zu versöhnen, seinen Zorn zu besänftigen und ihn zu bewegen, die Sünder nicht zu vernichten, sondern sich ihrer zu erbarmen, wird der Beistand Mariens erfleht.

Es sind eher verhaltene als laute Töne, die in den Marienklagen angestimmt werden. Die auf idealisierende Lieblichkeit ausgerichtete Vorstellung läßt auch in dem Bild der trauernden Maria mit dem toten Sohn die qualvoll-ekstatischen Schmerzausbrüche der früheren Bilder vermissen.

Pietà
um 1420
Jena, Stadtmuseum

Schöne Madonna
aus einem
Altarschrein
Stendal, Dom St. Nikolai
um 1420

Schöne Madonna
aus dem Allendorfer
Altar
Eisenach
Thüringisches Museum
um 1420/30

Junge-Madonna
Stralsund, Nikolaikirche
um 1420

Die Verschmelzung von irdischer und überirdischer Schönheit zu einem Bild von Harmonie und Anmut verleiht den »schönen Madonnen« jene Idealität, die sie allem Dasein zu entrücken scheint. Und doch gewinnt gerade die aus menschlichem Maß gewonnene, so selbstverständlich wirkende Schönheit einen Grad an Diesseitigkeit, wie er nur einem das Menschsein bejahenden Bürgersinn eigen gewesen war. Mit der Stiftung solcher Bildwerke hoffte der Gläubige, sein Seelenheil beeinflussen zu können. Zugleich war eine solche Stiftung aber auch ein Akt, den ein bestimmter sozialer Status erforderlich machte.

Schöne Madonna
aus der
Wallfahrtskirche
in Elende
Heiligenstadt
Marienkirche
um 1420

In der Innigkeit der mädchenhaften Madonnenmütter aus dem beginnenden 15. Jahrhundert spüren wir noch heute etwas von dem Zauber, der von ihnen ausging, die Menschen anrührte – und in ihnen Wunder bewirkte. Darin sahen die Anhänger und Vertreter der Reformideen die Gefahr: Diese schönen Bilder führten hinweg von der Lehre Christi und dem göttlichen Gesetz. Heiligenanrufung, Bildverehrung, kostbare Ausstattung der Kirchen waren mit ihm nicht vereinbar und demzufolge zu verwerfen. Das aufgrund eines Traumes gestiftete schöne Bild wurde zum vielbesuchten Gnadenbild.

Mit den noch heute vorhandenen 1060 Scheiben gehören die Fenster des Domchores zu den herausragendsten Beispielen der Glasmalerei. Zum ersten Mal prägt sich hier ein neues Bild aus. Ausgehend von der Genesis werden die Grundtatsachen christlicher Heilslehre vorgeführt.

ADAM
AUS DEM GENESIS-FENSTER
Glasmalerei
Erfurt, Dom
um 1370

Im Zeitalter der großen Kirchenspaltung, des immer deutlicher auseinanderklaffenden Widerspruches zwischen dem Klerus und der Lehre Christi, entstand die Ausmalung der Herzberger Nikolaikirche. Die Übertragung des Motivs der Verkündigung auf die Berufung des wahren Hirten, wie sie der Prophet Jeremias vorhersagte, mochte ungeheuerlich erscheinen »... Und ich selber sammle den Rest meiner Herde ... und führe sie wieder auf ihre Trift ... Dann setze ich über sie Hirten, die sie weiden, daß sie sich nicht mehr fürchten ...« (Jer 23, 1–5).

DIE BERUFUNG
DES WAHREN HIRTEN
Gewölbemalerei
Herzberg, Nikolaikirche
Anfang 15. Jahrhundert

Elias, einer der größten Propheten in der Geschichte des Alten Testaments, tadelt König Ahab, da dieser den Baalskult seiner Gemahlin duldet. Anspielungen auf den Kaiser, von dem in der Zeit des Schismas eine Reform der Kirche erwartet wurde, sind nicht von der Hand zu weisen. Böhmischer Einfluß wird in der frischen Malweise deutlich.

Fragment
einer deutschen
Übersetzung
des Alten Testaments
2. Hälfte 14. Jahrhundert
Leipzig, Universitätsbibliothek

Schöppenchronik
Magdeburg, 14. Jahrhundert
Berlin, Deutsche Staatsbibliothek
Der Text berichtet von der Bilderstürmerei während des Hussitenkrieges in Magdeburg

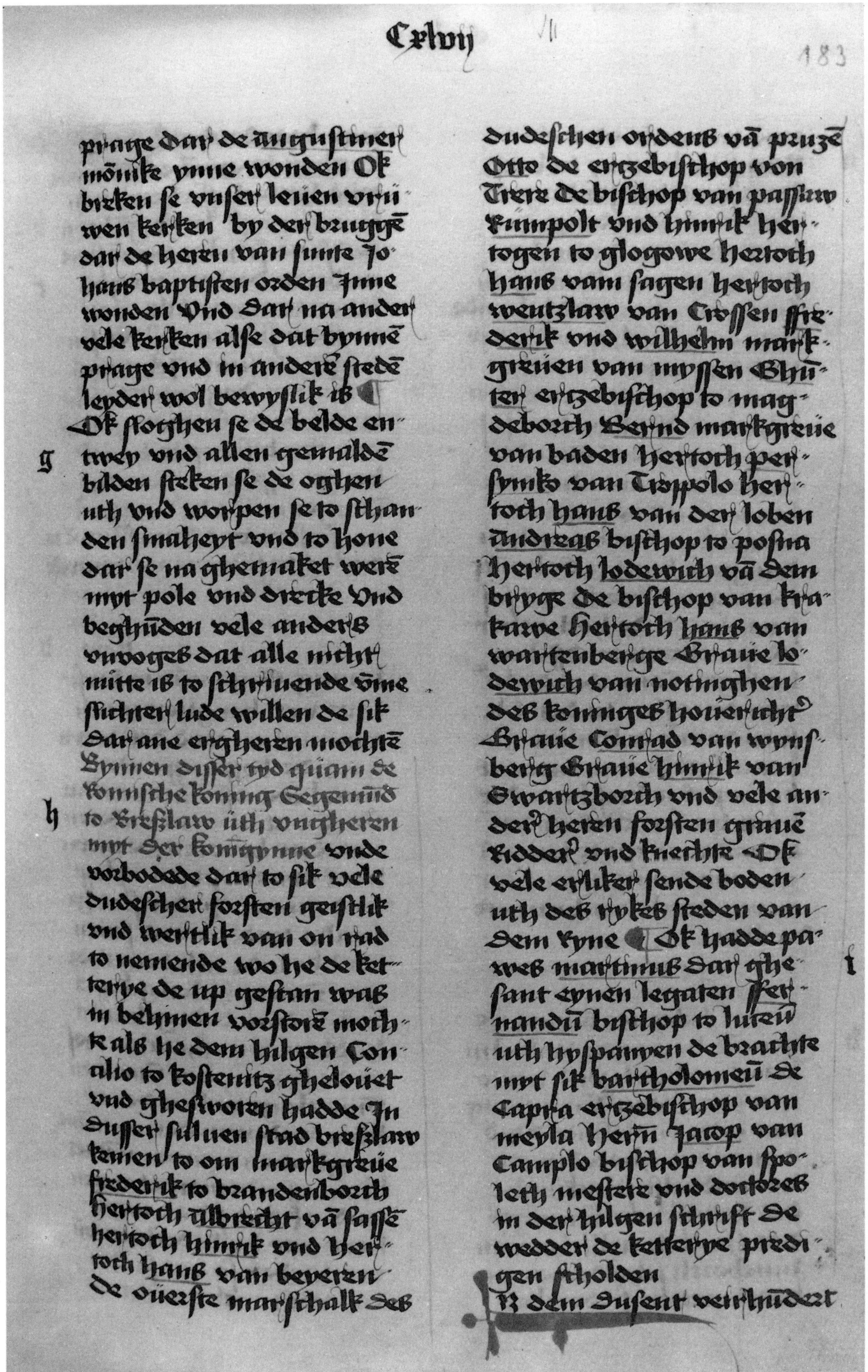
Cxlvij
183

prage dar de augustiner
mönike ynne wonden Ok
breken se vnser leven vru
wen kerken by der brugge
dar de heren van sunte Jo
hans baptisten orden ynne
wonden Vnd dar na ander
vele kerken alse dat bynnē
prage vnd in anderē stedē
leyder wol bewyslik is
Ok storthen se de belde en
g twey vnd allen gemaldē
bilden steken se de oghen
uth vnd worpen se to schan
den smaheyt vnd to hone
dar se na ghemaket were
myt pole vnd drecke Vnd
beghūden vele anders
vnvoges dat alle nicht
nütte is to schriuende sūne
stichter lude willen de sik
dar ane ergheren mochtē
Bynnen disser tyd quam de
romische koning Segemūd
h to Bresslaw uth vngheren
myt der koniggynne vnde
vorbodede dar to sik vele
dudeschen forsten geistlik
vnd werltlik van on rad
to nemende wo he de ket
terye de up gestan was
in behmen vorstore mochte
als he dem hilgen Con
cilio to kostenitz ghelouet
vnd ghesworen hadde In
disser sulven stad bresslaw
kemen to om markgreue
frederik to brandenborch
hertoch albrecht vā sassē
hertoch hinrik vnd her
toch hans van beyeren
de öuerste marschalk des
dudeschen ordens vā pruzē
Otto de ertzebisschop von
Trere de bisschop van passaw
Rumpolt vnd hinrik her
togen to glogowe hertoch
hans vam sagen hertoch
wentzlaw van Crossen fre
derik vnd wilhelm mark
greuen van myssen Ghun
ter ertzebisschop to mag
deborch Bernd markgreue
van baden hertoch per
symko van Troppolo her
toch hans van der loben
Andreas bisschop to posna
hertoch lodewich vā dem
brygk de bisschop van kra
kawe hertoch hans van
wartenberge Graue lo
dewich van notinghen
des konninges houerichter
Graue Conrad van wyns
berg Graue hinrik van
Swartzborch vnd vele an
der heren forsten grauē
ridder vnd knechte Ok
vele erliker sende boden
uth des rykes steden van
dem Ryne Ok hadde pa
wes martinus dar ghe i
sant eynen legaten fer
nandū bisschop to lucen
uth hyspanien de brachte
myt sik bartholomeū de
Capra ertzebisschop van
meyla hern Jacop van
Camplo bisschop van spo
leth mestere vnd doctores
in der hilgen schrift de
wedder de ketterye predi
gen scholden
r dem dusent veirhundert

Johann Zacharias war Professor der Theologie. Er trug den Beinamen Hussomastix. Hußgeißel. Auf dem Konstanzer Konzil habe er »den völlig unbesiegbaren und höchstgelehrten Ketzer Johannes Hus in einer Disputation überwunden und seine Verbrennung bewirkt«.

Grabplatte des Johann Zacharias († 1428)

Erfurt, Augustinerkirche

Altartafel
mit Geisselung
Christi
ehemals Allendorf;
Eisenach
Thüringisches Museum
um 1420/30

Im Zeitalter der zerstrittenen Kirche, der Bedrohung durch Türken und Hussiten, des in Uneinigkeit zerfallenden Reiches und der großen Not des Volkes kam den Bildern mit der Passion Christi größere Bedeutung zu. Zugleich konnte sich an ihnen aber menschliches Mitleiden entzünden und zu gesteigerter und neuer Glaubensintensität führen.

Das Bildthema geht auf das weitverbreitete Mühlenlied von der Menschwerdung Christi zurück. Anschaulich wird das dogmatische Lehrgebäude beschrieben: Die vier Evangelisten schütten das Korn des Glaubens in den Trichter. Aus ihm rinnt das menschgewordene Wort in den Kelch, der von den vier Kirchenvätern gehalten wird.

MITTELSCHREIN DES EHEMALIGEN HOCHALTARES MIT DARSTELLUNG DER HOSTIENMÜHLE
Tribsees, Stadtkirche
vor 1440

Eindrucksvoll hebt sich diese Darstellung des Abendmahls vom gewohnten Schema der Wiedergabe des »Herrenmahles« ab. Bemerkenswert ist darüber hinaus die Charakterisierung des Judas: Sollte der durch seinen Mund einfahrende böse Geist eine Anspielung auf die Häretiker sein, die dem Abendmahl in beiderlei Gestalt huldigten und damit – wie Judas – die Lehre der Kirche verrieten?

EHEMALIGER HOCHALTAR
Teterow, Stadtkirche
Anfang 15. Jahrhundert

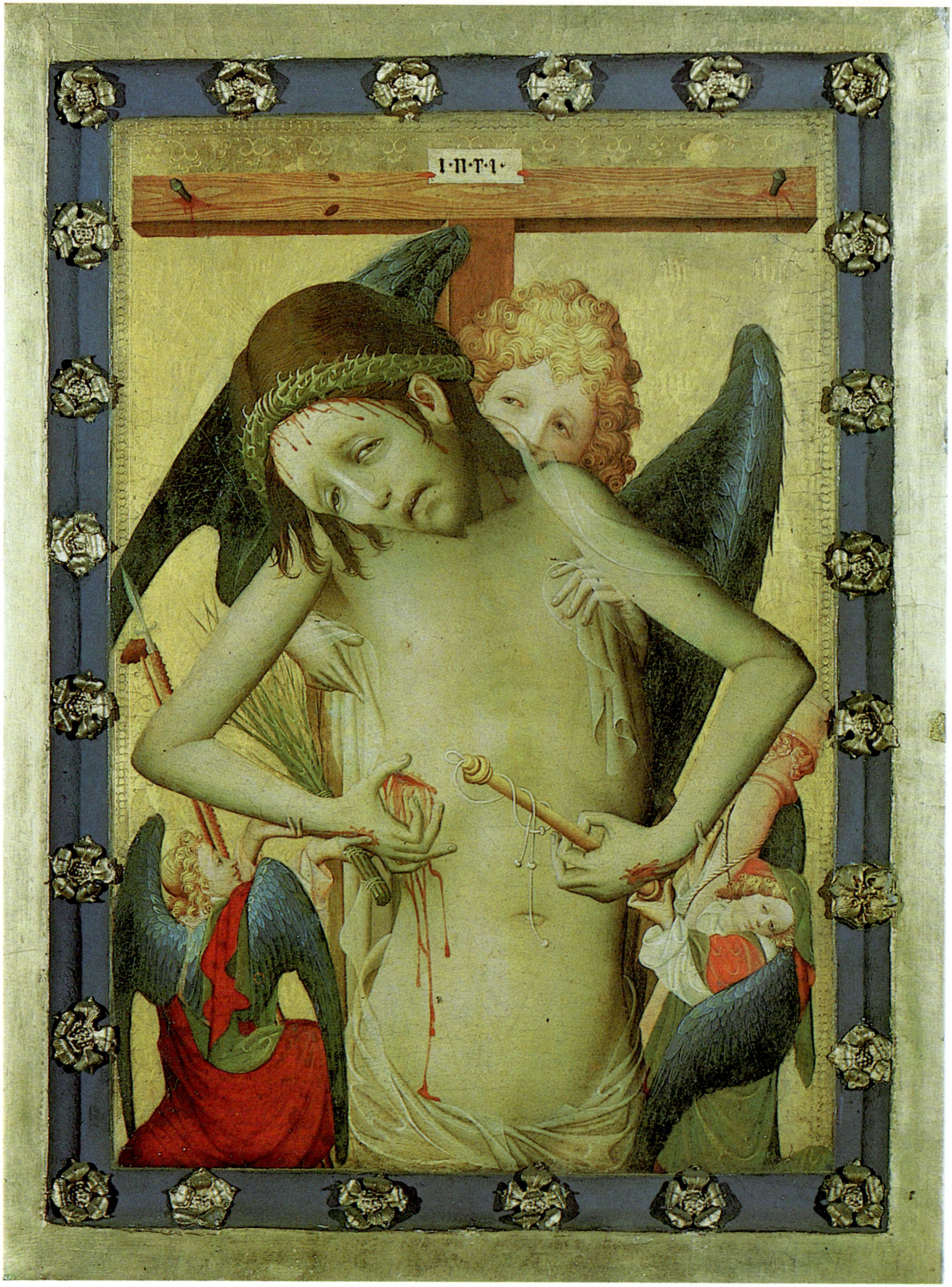
I·N·T·I·

Meister Francke
Schmerzensmann
um 1420
Leipzig, Museum der bildenden Künste

Brandenburg
Katharinenkirche
Fronleichnamskapelle
1401–1434

Die gesteigerte Verehrung des Leibes Christi ließ auch Gebetsbruderschaften entstehen. In der Kapelle der Brandenburger Fronleichnamsgilde fand der »Reiche Stil« des 15. Jahrhunderts eine seiner schönsten Formulierungen.

Saalfeld
Johanniskirche
Gewölbe im Chor
Mitte 15. Jahrhundert

Gleich dem Zelt, das nach dem Buch Mose das Allerheiligste überdacht, spannt sich das Gewölbe über den Chorraum der Kirche.

Brandenburg
Katharinenkirche
Umgangschor
nach 1395

Unmittelbar in die Nachbarschaft zu seinem Rathaus baute sich das reiche Bürgertum der einst mächtigsten Stadt in der Mark seine Hauptpfarrkirche. Sie ist durch ihre Monumentalität eine der beeindruckendsten in diesem Gebiet.

STENDAL
PFARRKIRCHE
ST. MARIEN
Anfang
15. Jahrhundert

In der Hallenkirche kommt die demokratische Gesinnung des Bürgertums zum Ausdruck. In den Umgangschören wurde die Trennung von Priesterkirche und Laienkirche aufgehoben.

WERBEN
JOHANNISKIRCHE
Mitte 15. Jahrhundert

Halberstadt, Dom
Langhaus nach Osten
1491 beendet

Bischofsdom und Bürgerkathedrale – das 15. Jahrhundert hat die größten Bauaufgaben, die je an menschlichen Schöpfergeist gestellt worden sind, erfüllt. Das Bürgertum hatte das Abbild vom himmlischen Jerusalem zu seinem eigenen gemacht und hat es dabei »entheiligt«.

Stralsund
Marienkirche
Ansicht von Süden
im 1. Drittel
des 15. Jahrhunderts
beendet

6.
Ecclesia reformanda
Die deutsche Kirche vor der Reformation

ERFURT
REGLERKIRCHE
HOCHALTAR
Kreuztragung aus dem Mittelschrein der 2. Wandlung

»Maria, mater gratiae, / Mater misericordiae, / Tu nos ab hoste protege, / Et hora mortis suscipe – Maria, Mutter voller Gnad / Die stets Erbarmen mit uns hat / Bewahr uns vor der Hölle Schlund / nimm auf uns in der Todesstund.«

Mehr denn je wurde im Zeitalter, in dem Kaiser und Reich machtlos, der Papst und seine Kirche entartet waren, Maria, die Himmelskönigin, die Mittlerin und Retterin, um Hilfe und Beistand angefleht. In keiner Kirche fehlte ihr Bild und ein zu ihren Ehren geweihter Altar.

Während in Erfurt das große Altarwerk der Reglerkirche entstand, das in höchster Vollkommenheit die Lehre der Kirche ausbreitete, fanden im Südwesten des Heiligen Römischen Reiches deutscher Nation die ersten Bauernunruhen statt.

Unruhe, Kritik und Aufbegehren hatten sich ausgebreitet. Sie erfaßten alle Lebensbereiche: Wirtschaft und Wissenschaft, Kunst und Kultur. Sie erschütterten Staat und Gesellschaft, und was am meisten beunruhigte, sie machten auch vor der Kirche nicht halt. Die das gesamte Mittelalter beherrschende Idee von ihrer Universalität geriet ins Wanken. Sinn und Zweck des irdischen Daseins, das die Vorbereitung auf ein seliges Leben im Jenseits zu sein hatte, schien gefährdet. Sittlichkeit, Ordnung und Religion waren aus dem Gleichgewicht geraten. Diese Normen hatten sich dem Gebot und der Offenbarung Gottes zu fügen, nach der jeder Stand, die Menschheit auf Erden wie die Engel im Himmel, seinen fest gefügten Platz hatte. Die Sicht der Welt stimmte nicht mehr mit ihrem Abbild überein, die universale, göttliche Ordnung war ins Wanken geraten.

Fromme Kreise, Laien und Gelehrte, betonten die Hinwendung zum innerlichen Leben, so gerieten sie in Widerspruch zum weltlichen Anspruch der Kirche.

Die Kirche stand an der ersten Stelle der feudalen Ständehierarchie des Mittelalters. Sie hatte den größten Besitz an Ländereien, ihre Mönche drangen weit in außereuropäische Länder vor, missionierten in Asien und in Amerika. Die erste Geldmacht war die Kirche. Ämterkauf und Benefizienvergabe, Rechtshändel und Dispenserteilungen, Buß- und Ablaßgelder, Peterspfennig und Türkengeld dienten der Versorgung von Papst und Kirche.

Daß der Ablaß, die Gnaden der Kirche ums Geld wohlfeil waren wie der Trödel auf dem Markt, ließ die Empörung des Volkes ins Ungemessene anschwellen. Die Berufung auf die Gerechtigkeit Gottes begleitete die aufständischen Bewegungen. Das »göttliche Recht« verlieh dem einfachen Volk den Mut der Verzweiflung. Innerstädtische Kämpfe begleiteten die bäuerlichen Aktionen. Landesfürsten und Erzbischöfe nutzten sie für ihre eigenen Belange aus. Der Ruf nach der »Reform der Kirche an Haupt und Gliedern« aus der Zeit des großen Schismas hallte weithin durch das Land.

Noch immer baute das Bürgertum in den Städten an seinen Pfarrkirchen, Zwickau, Leipzig, Görlitz, Bautzen und Annaberg gehören zu den bedeutendsten. Die sächsisch-thüringischen Gebiete erlangten weit ausstrahlende Bedeutung.

Die Kirchen füllten sich mit reichen Kunstwerken zum Lobe Gottes, der Jungfrau Maria und aller Heiligen.

Im Zuge der Veränderung der Frömmigkeit, ihrer Individualisierung, veränderten die heiligen Bilder auch ihr Äußeres. Sie werden zu sinnlich erlebbaren, real gegenwärtig scheinenden Personen. Das weit verbreitete mystische Gedankengut hatte die Bildwerke und die Frömmigkeit beeinflußt und verändert. In der Angst vor dem nahe geglaubten Weltgericht verstärkte sich das Frömmigkeitsgefühl. Die Reliquienverehrung schwoll zu noch nie gekanntem und erlebtem Ausmaß an, das Wallfahrtswesen erlebte nochmals einen bedeutenden Aufschwung. Wundertätige Marienbilder und blutende Hostien wurden vom Volke verehrt. Die Bilder mit Darstellungen der Gregoriusmesse machten das Erlebnis des Meßopfers und des Altarsakraments auf neue Art zum Gegenstand von Verehrung und Anbetung und brachten es in den Zusammenhang mit dem Ablaßwesen. Die »Arma Christi« – die Leidenswerkzeuge Jesu – spielten im Zusammenhang mit dem entsprechenden, damals eingeführten Fest eine bedeutende Rolle. Die Christusverehrung wurde auf neue Art und Weise belebt. Sie wies nunmehr besonders starke eucharistische Bezüge auf.

Die Predigten wurden in der Volkssprache gehalten. Gebetsbruderschaften ermöglichten eine intensive Heiligenverehrung. Allen voran stand die Rosenkranzbruderschaft. Ihre Mitglieder verpflichteten sich, stets eine bestimmte Anzahl »Ave Maria« zu beten. Das Wesen dieser Bruderschaft bestand in der gegenseitigen Unterstützung der Mitglieder durch die Gebete. Die Dominikaner waren die Verbreiter der Vision von der Schutzmantelmaria.

In diese Zeit hinein wurde Martin Luther geboren. 1501, als Alexander VI. an die Erzbischöfe eine Bulle richtete, um die häretischen Schriften einer verstärkten Kontrolle zu unterziehen, schrieb sich Luther in die Matrikel der Universität Erfurt ein. 1505 trat er in das Kloster der Augustinereremiten ein. 1511 ging er endgültig nach Wittenberg. Studium und Predigten ließen in ihm die Gewißheit reifen, daß die »Gerechtigkeit Gottes« nichts mit dem von der Kirche gelehrten strafenden und richtenden Gott gemein habe. Nach dem Verständnis Luthers liegt die Barmherzigkeit vielmehr in der Liebe, die den Sünder ohne Verdienst begnadigt. Der Werkheiligkeit wurde die Wirksamkeit abgesprochen.

Frömmigkeit und Kirchlichkeit der Menschen im Mittelalter erschließt sich uns heute zumeist im Anschauen der gemalten Tafeln und geschnitzten Figuren der Altäre in Kirchen und Museen. Es ist uns schwer geworden, den eigentlichen Zugang zu diesen Bildern zu finden; viel Zeit ist über sie hinweggegangen. Daß diese Bilder aber die Zeiten überdauert haben, ist nicht nur allein durch die Schönheit ihrer Gesichter, die Lebendigkeit ihrer Gebärden begründet: Es ist der Schöpferwille des Menschen, der ihnen Dauer verliehen hat.

ERFURT
REGLERKIRCHE
HOCHALTAR
um 1465
Gesamtansicht
der 1. Wandlung

Erfurt
Reglerkirche
Hochaltar
Dornenkrönung, 1. Wandlung
um 1465

Henkersknechte aus der Dornenkrönung

Die Summe der christlichen Religion wird in den gemalten und geschnitzten Tafeln des Wandelaltares ausgebreitet. Stellt die erste, geschlossene Schauseite die Lehrer und Bekenner der Kirche vor, so zeigt die erste Wandlung den irdischen Leidensweg Christi mit Dornenkrönung und Geißelung, der zu Himmelfahrt und Ausgießung des heiligen Geistes führt. Die Festtagsseite, die zweite Wandlung, stellt die Erfüllung der Verheißung dar: die Krönung Mariens. Das antithetisch aufgebaute Programm könnte auf Anregungen Nikolaus' von Kues zurückzuführen sein. In seinen Reisen durch Deutschland, die der Erneuerung der Kirche und des Glaubens dienen sollten, besuchte er auch Erfurt. Zwischen 1451 und 1453 wurde das Stift der regulierten Augustiner-Chorherren auf Veranlassung des Kardinals reformiert.

Das theologische Programm des Regleraltares erhält in den Schnitzfolgen der 2. Wandlung – der Festtagsseite – seinen letzten Sinn. Maria ist durch Freuden und Schmerzen vollkommener Gotteskindschaft teilhaftig geworden, demnach gebührt ihr die himmlische Krone. Märtyrer und Heilige folgten diesem Leben nach. Dadurch wurden auch sie des göttlichen Lebens teilhaftig und vollkommen.

In diesem Sinne sind die Schnitzereien mit den Szenen des Martyriums der heiligen Katharina und die Bilder von sechs weiblichen Heiligen auf der Predella zu deuten.

ERFURT
REGLERKIRCHE
HOCHALTAR
Heilige Margarethe
aus der Predella
1. Schaubild

Hinrichtung
der heiligen Katharina
Predella, 2. Wandlung

Gesamtansicht
der 2. Wandlung

TOTENTANZ
Berlin, Marienkirche
um 1484

Der Tod ist das letzte aller Dinge. Vor ihm sind alle Menschen, geistliche und weltliche, gleich. Endzeiterwartungen, Pestepidemien, Judenpogrome und nicht zuletzt die Bußpredigten haben zu diesen Bildern geführt. Der Berliner Totentanz ist wahrscheinlich anläßlich der großen Pest vom Jahre 1484 entstanden.

JOHANNES
AUS EINER KREUZIGUNG
Erfurt, Dom
um 1480

Ebersdorf

Stiftskirche

Torturm der Friedhofs-befestigung

Ebersdorf war im 15. Jahrhundert ein vielbesuchter Wallfahrtsort. Seine Beliebtheit verdankte er einem gnadenreichen Marienbild.

Innenraum nach Osten
2. Viertel 15. Jahrhundert

GREGORSMESSE
*Flügelrückseite
vom Hedwigsaltar
Brandenburg, Katharinenkirche
um 1480*

Der Legende nach soll Papst Gregor dem Großen während eines Meßopfers der vom Kreuz gestiegene Schmerzensmann erschienen sein, der sein Blut in den Kelch fließen läßt. Im ausgehenden 15. Jahrhundert wurden Bilder der Gregorsmesse zu äußerst beliebten Andachtsbildern, die die Eucharistie verherrlichten.

SCHMERZENSMANN
Erfurt, Reglerkirche
Ende 15. Jahrhundert

Der als Mensch gestorbene, aber als Gott lebende Christus ist vom Kreuz herabgestiegen, die ihn umgebenden Leidenswerkzeuge künden vom Leid, durch das die Erlösung vom Tode stattgefunden hat. Der Einfluß der Liturgie auf das Bild wird deutlich, so daß das kultische Geschehen als Realität empfunden werden konnte. Der Schmerzensmann wurde deshalb häufig auf Epitaphien dargestellt.

Die Monstranzen zur Aussetzung der Hostie wurden gleich den Altären gestaltet. In ihrem Reichtum aus architektonischen Details und figürlichem Zierat stellen sie ein Abbild der Gottesstadt, der Wohnung des Heiligsten vor. In der Zeit des ausgehenden 15. Jahrhunderts stieg die Zahl kultischer Geräte und Gefäße schier unermeßlich an.

KELCH
Salzwedel, Marienkirche
2. Hälfte 15. Jahrhundert

MONSTRANZ
Bautzen, Domschatz
um 1500

Wie einen kostbaren Reliquienschrein hat Michael Heuffner das Heilige Grab gestaltet. Die realistische Wiederholung des Karfreitagsgeschehens durch die sogenannten Osterspiele hatte seit dem 5. Jahrhundert zur Nachbildung der Jerusalemer Grabeskirche geführt. In die Heiligen Gräber wurden Holzbilder des Leichnams Christi oder stellvertretend für den Leib Christi auch die Hostie versenkt. In Zwickau hat sich ein altes Osterspiel erhalten.

HEILIGES GRAB
Zwickau, Marienkirche
1507

Das Bild des Schmerzensmannes wurde am Vorabend der Reformation häufig dazu benutzt, um zu zeigen, daß das Sterben Jesu die Macht des Todes über die Menschen gebrochen habe.

GRABPLATTE
DES MAGISTERS
ULRICH RISPACH
(† 1488)
Stolberg,
Pfarrkirche St. Martin

HEILIGER
CHRISTOPHORUS
Freiberg, Dom
um 1505

Der Anblick des Heiligen sollte vor Tod und plötzlichem Unheil schützen. Demzufolge finden sich Bilder des Heiligen in zahlreichen Kirchen des 14. und 15. Jahrhunderts.

Grosse Glocke
Gloriosa
Erfurt, Dom, 1497

† Laude patronos cano gloriosa · Fulgur arcens et demones malignos · Sacra templis a populo sonanda · Carmine pulso · Gerhardus wou de Campis me fecit · Anno Dni MCCCCXCVII (Ich besinge mit glorreichem Lob die Schutzherren, abwehrend die Blitze und bösen Geister, ich läute zu dem Gottesdienst, der im Dom vom Volk mit Gesang gekündet werden soll. Gerhard Wou aus Kampen hat mich gegossen. Im Jahre des Herrn 1497) · 1495/96 begannen die Ausgaben für den Guß einer neuen »großen« Glocke. Das Domkapitel hatte für die schwierige Arbeit den Gerhardus de Wou vorgesehen. Er war ein weit berühmter Glockengießer. Seine Glocken zeichnen sich durch künstlerisch hervorragende Qualität und bewußt ausgerechnetes Geläut aus. Den Glockenmantel ziert das Relief einer apokalyptischen Madonna. Die Gloriosa war jahrhundertelang die größte Glocke überhaupt.

Glocke Osanna
Erfurt, Severikirche
1497, Heiliger Paulus

Gerhard Wou fertigte ebenfalls die Glocke für die Severikirche. Von alters her wurden auf den Glocken Ritzzeichnungen angebracht. Sie sollten eine größere Weihe und besseren Schutz durch die Heiligen gewährleisten.

Bibra, Dorfkirche

1492–1503

Ansicht von Osten

Innenraum nach Osten mit den Altären und dem Sakramentshaus und Taufe

Der Würzburger Dompropst Kilian von Bibra hat die Kirche gestiftet, der seit 1495 das rege Interesse des Fürstbischofs von Würzburg, Lorenz von Bibra, zuteil wurde. Lorenz von Bibra hatte besondere Beziehungen zur Werkstatt des Würzburger Bildschnitzers Tilman Riemenschneider, so daß er auch die Kirche, die als Begräbniskirche seines Geschlechtes gedacht war, mit Altären aus der Werkstatt des Würzburger Bildhauers ausstattete.

Wie kaum eine andere Kirche zeigt sich uns die Kirche von Bibra in ihrer ursprünglichen Ausstattung.

Im Mittelschrein des Altars thront Leo der Große, in den Flügelreliefs sind Hieronymus und Gregor der Große, Augustin und Ambrosius dargestellt. Der Platz, der Christus und Maria oder den Heiligen zu Andacht und Anbetung vorbehalten war, wird hier von den Kündern der Lehre und des Dogmas eingenommen. Die Kirche wurde durch Ablaß des Papstes Innozenz VIII. Leo dem Großen geweiht.

Der Kirchenväter-altar

Das Thema dieses Altares ist ganz auf die Verbreitung des christlichen Glaubens ausgerichtet. Sie nimmt ihren Anfang mit dem Bericht des Markusevangeliums. Der Auferstandene erscheint den elf Jüngern und befiehlt ihnen, zu gehen und zu predigen. »... Und sie gingen aus und predigten, man sollte Buße tun« (Markus 6, 12).

Der Apostelaltar

Im ausgehenden Mittelalter kam der Darstellung der Verkündigung an Maria eine besondere Bedeutung zu. Sie wurde gleichgesetzt mit der das Wort Christi verkündenden Kirche.

Der Marienaltar
Details der Verkündigung

MARIENALTAR

Gnoien, Stadtkirche

um 1500

Relief: Mariae Tempelgang

Die Verehrung der Maria entwickelte sich im ausgehenden 15. Jahrhundert zu einem Kult, der geradezu übewältigende Ausmaße angenommen hatte. Es entstanden zahllose Marienaltäre in den Kirchen. In den Zeiten der Unsicherheit, der Angst und der Verlassenheit wandte man sich verstärkt um Fürbitte an die Muttergottes.

In vielen Predigten der Zeit wurde über den Sinn der Verehrung Mariens reflektiert. So deutete man Maria im Strahlenkranz, das apokalyptische Weib, als ein großes Zeichen, das Zukunft und Vergangenheit in sich birgt. In diesem Bild wurde die Erfüllung der Weissagungen des Alten Bundes und der Hinweis auf die Zukunft gesehen, in der sich die himmlische Seligkeit erfüllt.

STRAHLENKRANZ-
MADONNA
Altarschrein
der Marienkirche, Röbel
nach 1500

ROSENKRANZMADONNA

Mittelschrein des Marienaltars

Parchim, Marienkirche

um 1500

Im ausgehenden 15. Jahrhundert war das Beten des Rosenkranzes zur Ehre der Mutter Gottes zu einem wesentlichen Bestandteil der Volksfrömmigkeit geworden. Vor allem in Norddeutschland haben sich viele Rosenkranzaltäre erhalten. Zu einem der schönsten gehört der aus der Parchimer Marienkirche. Er zeigt Maria im Strahlenkranz, die von dem Rosenkranz umgeben wird. Die fünf großen Rosen deuten auf die Einbeziehung der Verehrung der fünf Wunden Jesu hin. Um diese Gebete wurde der Rosenkranz in damaliger Zeit erweitert.

Lukas Cranach
Fürstenaltar
Ausschnitt
1509/10
Dessau, Staatliche Galerie

Zu seinem Seelenheil und dem seiner Nachkommen richtete Kurfürst Friedrich der Weise von Sachsen 1506 eine Stiftung »von den Festen der heiligen Jungfrau Maria« ein. Kostbar wurde der dazu ausersehene Chor der Wittenberger Schloßkirche ausgestattet. Höhepunkt und Zentrum dieses Bauwerkes war der Altar, in dem sich der Fürst als frommer Mann, die Gottesmutter anbetend, darstellen ließ.

Tod der Maria
Reliefschnitzerei
nach 1500
Eisenach, Thüringisches Museum

Nach der Legende sollen in der Sterbestunde Mariens alle Apostel zugegen gewesen sein. War die Darstellung der Szene noch im 14. Jahrhundert vorwiegend über den Kirchentüren anzutreffen, so wurde sie zusehends Bestandteil der Altarbilder. Ende des Jahrhunderts wurden sie auch dazu genutzt, um den realistischen bürgerlichen Innenraum zu zeigen. Der Tod der Maria war besonders geeignet, dem Betenden den sterbenden Menschen vor Augen zu führen, dem jetzt in Predigten und Sterbebüchlein großes Interesse galt.

Secunda ps complectens opa moralia 24

Incipiunt regule morales eiusdem Prologus.

Incipiunt regule Morales.

Explicit prologus.

Sancte Marie in Besangia

Gerson, Kanzler der Universität in Paris, der geistige Vater des Konzils von Konstanz, war ein großer Vertreter der Unabhängigkeit der Kirche von päpstlicher Willkür und kaiserlichem Recht. Er vertrat die Ansicht, daß das Konzil die allgemeine Kirche darstelle und daher über dem Papst stehe. Die Schriften Gersons, der zugleich Anhänger der Vita moderna war, gehörten zu den meistgelesenen in dieser Zeit.

Johannes Gerson
Morales
1474
Schulpforte, Schulbibliothek

Decretum Gratiani

1482

Schulpforte, Schulbibliothek

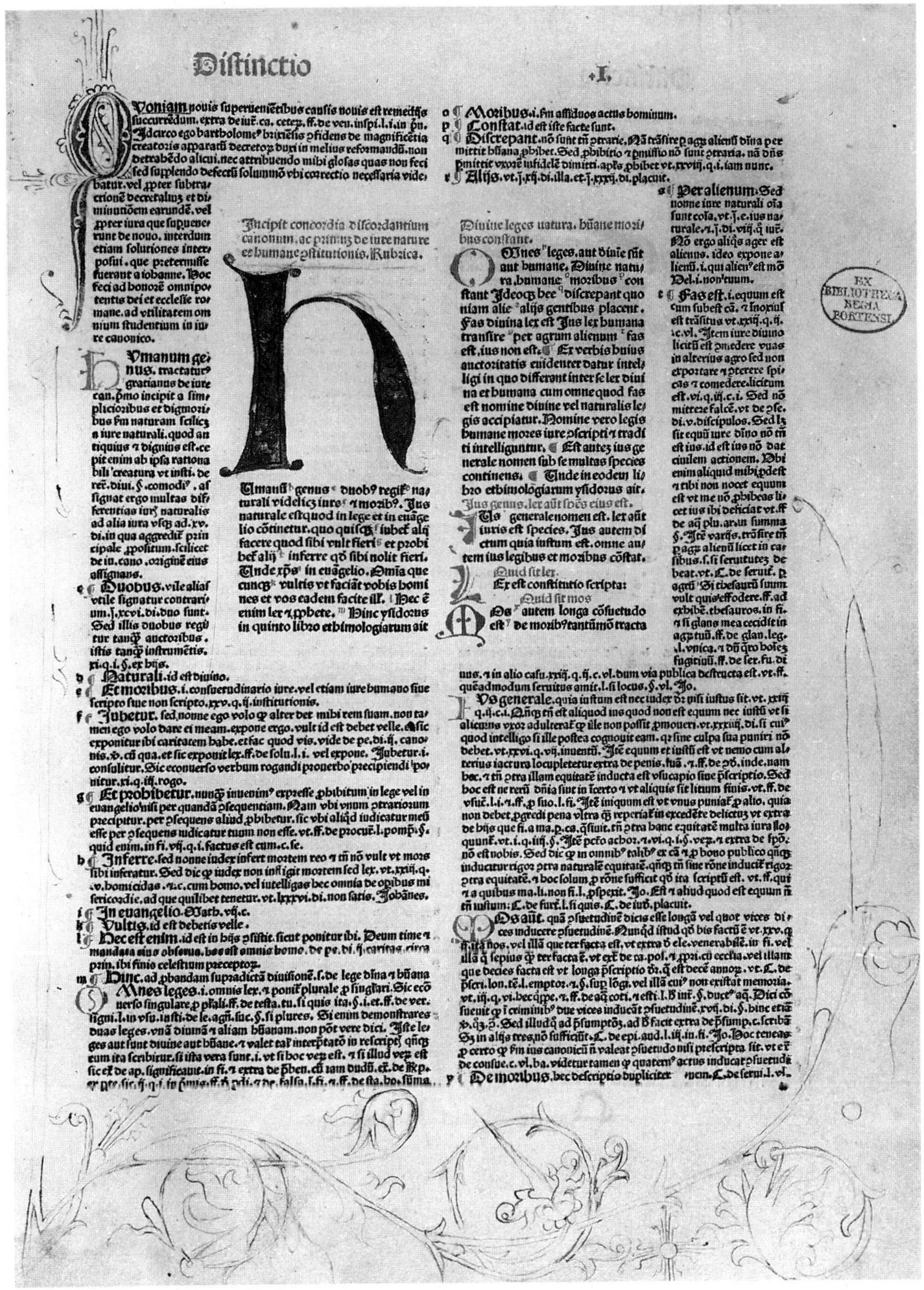

Distinctio .I.

Incipit concordia discordantium canonum, ac primum de iure nature et humane constitutionis. Rubrica.

Das Decretum Gratiani ist die gegen 1150 veröffentlichte, von Gratian, einem Kamaldulenser aus Bologna, zusammengestellte »Concordantia discordantium canonum«. Das Werk stellte eine praktikable Zusammenfassung des geltenden kirchlichen Rechts dar. Gratian war durch seine Vorlesungen der Begründer der Schule der Kanonisten oder Dekretisten geworden. Sie betonte das Kirchenrecht als selbständige Wissenschaft gegenüber der Scholastik. Die Dekretalen blieben in Gebrauch und wurden ständig um die päpstlichen Einzelentscheidungen erweitert, so daß ein Corpus iuris canonici entstand. Luther hatte diese Schrift mit anderen öffentlich verbrannt.

FREIBERG, DOM
Neubau 1484–1512

1480 wurde die Kirche zum Dom erhoben. 1491 wurde durch päpstlichen Erlaß denjenigen, die Ablaßbriefe erwarben, mit denen der Bau an der Kirche finanziert werden sollte, der Verzehr von Butter während der Fastenzeit gestattet.

Annenkirche
Annaberg
1499–1525
Gewölbe

1499 wurde die St.-Annen-Kirche im Bau begonnen, und schon 1519 konnte sie geweiht werden. Herzog Georg von Sachsen, der die Stadt gegründet hatte, wünschte sich eine große stattliche Kirche. Durch den Erwerb von Reliquien der heiligen Anna konnte sie rasch zu einem beliebten Wallfahrtsort werden. Darüber hinaus ersuchten Herzog, Rat der Stadt und die Geistlichkeit Papst Leo X. um Erde vom Campo Santo in Rom. Damit sollte auch noch der Gottesacker der Stadt zum Ort der Wallfahrt werden. 1519 fand die feierliche Übertragung durch Bischof Johann von Meißen statt.

Annenkirche
Mittelschiff nach Westen

llen vnnd yeden Cristglaubigen
menschen wasser wirden wesens oder Stands die befun
den. sey kunt vnd offenbar. Noch dem der durchleucht
vnd hochgebornn fürst. Hertzog Rudolff von Sachs
sen ꝛc. d elter löblicher gedechtnis. bey dem Cristliche könig Philipsen
võ franckreich/sich solcher manlichen vñ redliche getette in houpt krie
gen vnd feltschlagen erzaygt vnd bewisen/das er vnder andern könig
klichen belonũgen seyner rumlichen Ritterlichen vbungen. Die sonder
groß gaß. Ayns heiligen dorns der yn der heiligen Chron vnd vnserm
herrn vnd erlöser sein gebenedeuts haubt schmertzlich verwunt/mit ey
nem gulden bilde ains königs/zu sambt eyner beschriben hystorien. die
man Jerlich do von singt/erlangt vñ verdient/hat. Do von dan der
bemelt fürst. vnd ouch auß sonder innigklicher gyer vñ anedacht/sein
vnd seiner gemaheln Frawen Künigunden geborn königin zu Polen
verursacht Got dem almechtigen marie seiner hochgelobten gebererin
zu sonderm loß/vnd yn die ehre aller lieben heiligen/als man geschribẽ
nach christi geburt Tausent dreyhundert vnd dreyvñ funfzig Jare/ein
kirchen/yn sein gewondlich fürstlich hoflager vñ schloß Wittemberg
mit notturftigen vnd erlichen widem vnd begabungen ewiger Rente
vnd Jarguldt zu bawen vnd außzerichten. Vnd volgent Hertzog Ru
dolff von Sachssen seyn Son In dem jar vnsers hails Tausent drey
hundert vnnd yn dem eyn vnd sechzigisten jar/die obgemelte kirchen/
mit Dörffern Eckern wysen gehultzen/sambt andern ewigen Renten
zinsen vnd jorgulten furderlicher vnd mehr dan der vatter dotiert vnd
fürstlich begnadet/der meynung. als das sein Stifftunge angibt/da
do durch der löblich gots dienst von seinem vatter fürstlich angefan
gen vnd erhoben/souil statlicher solt vñ möcht erhalten vnd yn ewige
zeyt volbracht werden Welche kirch vnd der furgenomen gotts dienst
Auch hernachmals durch dye durchleuchtigstẽ vnd hochgebornnen
Churfursten vnd Hertzogen zu Sachssen bede Friderich genant. vnnd
dyser ytzigen Regirenden fursten anherre vnd elter vatter Des gleychen
durch die hochberumpten vnd löblichen Churfurst vnnd fursten yrer
fürstlichen gnaden vatter vnd vetter Hertzog Ernst vnnd Hertzog Al
brechts gebruder/vnd yre gemaheln alle selliger vnd milter gedechtnus
mit gnediger begnadung/etliche zeyt/also in wesen fürstlich enthal
ten vnnd herbracht seyn/Bißsolang das die durchleuchtigisten vnnd
durchleuchtig hochgebornnen fursten vnnd herren herrn Friderichen
Des hailigen Römischen Reychs Ertzmarschalh vnnd Churfursten
a ij

Seiten aus dem Wittenberger Heiltumsbuch

Seit 1511 gehörte Luther endgültig zum Wittenberger Konvent der Augustiner. Die Schloßkirche Friedrichs des Weisen war der Hort einer der größten Reliquiensammlungen. Luther war Beichtvater in Wittenberg und lernte die das religiöse Leben zerstörenden Auswirkungen der Ablässe kennen. Nachdem er seit 1516 vergebens gegen diese Mißstände gepredigt hatte, forderte er am 31. Oktober 1517 mit 95 Thesen, die er an der Tür der Schloßkirche öffentlich aushängte, zu einer akademischen Disputation über den Wert der Ablässe auf.

Der Unwille über den Ablaß war in Deutschland weit verbreitet. 1506 hatte Julius II. zum Neubau der Peterskirche in Rom einen Ablaß ausgeschrieben, der 1514 von Papst Leo X. erneuert wurde. Dieser neue Ablaß saugte das deutsche Reich finanziell aus. Er verletzte das nationale Gefühl und erregte Ärger durch die von den Ablaßpredigern angewendeten Methoden.

BILDNIS
EINES PAPSTES
Erfurt, Augustinerkloster
Schlußstein
der ehemaligen Bibliothek

MARTIN LUTHER
ALS AUGUSTINER-
MÖNCH
Kupferstich
von Lucas Cranach
1520;
Weimar,
Kunstsammlungen

»Ein ewiges Abbild seines Geistes gestaltete Luther selbst, sein vergängliches Aussehen dagegen das Wachs des Lucas.«

Amore et studio elucidande veritatis: hec subscripta disputabuntur Wittenberge. Presidente R. P. Martino Luther: Artium et S. Theologie Magistro: eiusdemque ibidem lectore Ordinario. Quare petit: ut qui non possunt verbis presentes nobiscum disceptare: agant id literis absentes. In noie dni nostri Hiesu Chri. Amē.

M.D.xvij.

Martin Luther löste mit seinen Thesen, die er am Vorabend des Festes Allerheiligen an der Schloßkirche in Wittenberg öffentlich aushing, die reformatorische Bewegung aus, die den Beginn der deutschen frühbürgerlichen Revolution einleitete.

MARTIN LUTHER,
THESEN
ÜBER DEN ABLASS
Einblattdruck, Wittenberg
1517
Wittenberg Lutherhalle

KRUZIFIX
Horburg, Dorfkirche
um 1500

I · N · R · I

Diese Hinweise zur Literatur sollen dem Leser helfen, sich ausführlicher mit dem Dargestellten vertraut zu machen. Aufsätze und Artikel in Fachzeitschriften wurden in dieser Auswahl bewußt vernachlässigt. Die wichtigsten können ohne weiteres aus der Literaturauswahl erschlossen werden. Auch die einzelnen Darstellungen aus der Reihe »Das Christliche Denkmal« wurden nicht gesondert aufgeführt. Das gleiche gilt für die Benutzung des von Georg Dehio begründeten Handbuches der deutschen Kunstdenkmäler.

Literaturauswahl

Badstübner, E., Kirchen der Mönche, Leipzig 1984

Beissel, Stephan, S.J., Geschichte der Verehrung Marias in Deutschland während des Mittelalters, Freiburg 1909

Bernards, M., Speculum virginum. Geistigkeit und Seelenleben der Frau im Hochmittelalter, Köln/Graz 1955

Boeckler, A. und H. Wegener, Schöne Handschriften aus dem Besitz der Preußischen Staatsbibliothek, Berlin 1931

Boeckler, A., Deutsche Buchmalerei vorgotischer Zeit, Berlin 1952

Boeckler, A., Der Codex Wittekundeus, Berlin 1938

Braun, J., Die liturgische Gewandung in Occident und Orient, Freiburg 1907

Braunfels, W., Die Welt der Karolinger und ihre Kunst, München 1968

Brooke, C., Die große Zeit der Klöster 1000 bis 1300. Die Geschichte der Klöster und Orden und ihre religions-, kunst- und kulturgeschichtliche Bedeutung für das werdende Europa, Freiburg, Basel, Wien 1976

Bruck, R., Die Malerei in den Handschriften des Königreiches Sachsen, herausgebracht Dresden 1906

Deckert, H., Dom und Schloß Merseburg, Burg 1935

Doering, O. und G. Voss, Meisterwerke der Kunst aus Thüringen und Sachsen, Magdeburg 1905

Eichenberger, W., Deutsche Bibeln vor Luther, Berlin 1980

Emminghaus, J. H., Die Messe. Wesen, Gestalt, Vollzug, Leipzig 1983

Ende, H., Die Stadtkirchen in Mecklenburg, Berlin 1984

Erbstösser, M., Sozialreligiöse Strömungen im späten Mittelalter, Berlin 1970

Flemming, J. und E. Lehmann, E. Schubert, Dom und Domschatz zu Halberstadt, Berlin 1976

Fründt, E., Sakrale Plastik, Berlin 1965

Gericke, W., W.-V. Schliff und W. Wendland, Brandenburgische Dorfkirchen, Berlin 1975

Gurjewitsch, A., Das Weltbild des mittelalterlichen Menschen. Dresden, 1978

Handschin, J., Der Geist des Mittelalters in der Musik. Bern 1957

Haseloff, G., Die Psalterillustration im 13. Jahrhundert, Kiel 1938

Hausherr, R. (Hrsg.), Die Zeit der Staufer. Geschichte-Kunst-Kultur. Katalog der Ausstellung Stuttgart 1977

Helssig, R., Katalog der lateinischen und deutschen Handschriften der Universitätsbibliothek Leipzig, Leipzig 1926–35

Heussi, K., Kompendium der Kirchengeschichte, Berlin 1958

Hütter, E. und M. Margirius, Der Wechselburger Lettner, Weimar 1983

Jahn, J., Schmuckformen des Naumburger Domes, Leipzig 1944

Kirchhoff, A., Die ältesten Weistümer der Stadt Erfurt über ihre Stellung zum Erzstift Mainz, Halle 1870

Kroos, R., Niederdeutsche Bildstickereien des Mittelalters, Berlin 1970

Kurth, B., Die deutschen Bildteppiche des Mittelalters, Wien 1926

Legner, A. (Hrsg.), Die Parler und der schöne Stil 1350–1400. Europäische Kunst unter den Luxemburgern, Köln 1978

Lehmann, E., Der frühe deutsche Kirchenbau. Die Entwicklung seiner Raumordnung bis 1080, Berlin 1938

Lehmann, W. (Hrsg.), Heinrich Seuses deutsche Schriften, Jena 1922

Lemmer, M. (Hrsg.), Das Leben der heiligen Elisabeth. Von einem unbekannten Dichter aus dem Anfang des 14. Jahrhunderts, Berlin 1981

Löffler, F., Die Stadtkirchen in Sachsen, Berlin 1973

Magirius, H., Der Freiberger Dom, Weimar 1972

Magirius, H. und H. Mai, Dorfkirchen in Sachsen, Berlin 1985

Möbius, F. und H., Sakrale Baukunst, Berlin 1963

Möbius, H., Passion und Auferstehung in Kultur und Kunst des Mittelalters, Berlin 1978

Möbius, F. und E. Schubert (Hrsg.), Architektur des Mittelalters, Funktion und Gestalt, Weimar 1984
Möbius, F. und H. Sciurie, Symbolwerte mittelalterlicher Kunst, Leipzig 1984
Monumenta Annonis. Weltbild und Kunst im hohen Mittelalter, Köln 1975
Mrusek, H.-J., Drei deutsche Dome, Dresden 1963
Panofsky, E., Imago pietatis. Ein Beitrag zur Typengeschichte des »Schmerzensmannes« und der »Maria mediatrix«, Festschrift Max Friedländer, Leipzig 1927
Ramm, P., Der Merseburger Dom. Seine Baugeschichte nach den Quellen, Weimar 1977
Rost, H., Die Bibel im Mittelalter. Beiträge zur Geschichte und Bibliographie der Bibel, Augsburg 1939
Rothe, E., Buchmalerei aus zwölf Jahrhunderten, Berlin 1966
Rothe, E. und R. Opfermann, Das Brandenburger Evangelistar, Leipzig 1971
Schmidt, G., Die Armenbibeln des 14. Jahrhunderts, Köln/Graz 1959
Schultze, J., Lehnin, 750 Jahre Kloster- und Ordensgeschichte, Bernburg 1930
Schrade, H., Vor- und frühromanische Malerei, Köln 1958
Schrade, H., Die romanische Malerei, Ihre Maiestas, Köln 1963
Steenbock, F., Der kirchliche Prachteinband im frühen Mittelalter von den Anfängen bis zum Beginn der Gotik, Berlin 1965
Ullmann, E., Gotik, Leipzig 1969
Ullmann, E., Die Welt der gotischen Kathedrale, Berlin 1981
Ullmann, E. (Hrsg.), Geschichte der deutschen Kunst 1350–1470, Leipzig 1981
Wallrath, R., Zur Entwicklungsgeschichte der Krypta, Köln 1940

Register

Fotonachweis

Autoren aller im folgenden nicht einzeln aufgeführten Fotos sind (wie bereits vorn angegeben) Klaus G. Beyer (AFIAP) und Constantin Beyer, Weimar.

Otfried Birnbaum, Halle: S. 156 (1).

Joachim Fritz, Basdorf: S. 100, 101 (2).

Peter Garbe, Berlin: S. 115, 213 (2).

Thomas Helms, Schwerin: S. 129, 218, 219, 253, 287, 288 (6).

Wilfried Kirsch, Wittenberg: S. 298, 300 (2).

Möller: S. 262, 265, 266, 267, 268 (6).

Dr. Heinrich L. Nickel, Halle: S. 247 (1).

Rössing-Winkler, Leipzig: S. 92 (1).

Sächsische Landesbibliothek, Abt. Deutsche Fotothek, Dresden: S. 104, 207 (2).

Domarchiv Brandenburg: S. 52 (1).

Staatliche Lutherhalle Wittenberg: S. 299 (1).

Staatliche Museen zu Berlin: S. 36, 37, 48, 49, 78, 79 (9).

Die Abdruckgenehmigung für das nach Redaktionsschluß aufgenommene erste Farbbild (Lanzenspitze) erteilte freundlicherweise der Direktor des Museums für Ur- und Frühgeschichte Weimar, Herr Prof. Dr. G. Behm-Blancke, der auch die Bildlegende verfaßte.

Inhalt

Herausgeber und Verlag danken allen Institutionen und Persönlichkeiten, die das Entstehen und die Gestaltung des vorliegenden Bandes mit fachkundigem Rat und wirksamer Unterstützung förderten und von denen hier besonders der Leiter der Handschriftenabteilung an der Universitätsbibliothek der Karl-Marx-Universität Leipzig, Herr Dr. Dietmar Debes, Frau Dr. Ursula Winter, Handschriftenabteilung der Deutschen Staatsbibliothek Berlin, und die zuständigen Stellen und Ämter der Evangelischen Landeskirchen in der DDR genannt seien. Dank gilt allen im Fotonachweis aufgeführten Fotografen, unter ihnen vor allem Herrn Klaus G. Beyer (AFIAP) in Weimar, der einen großen Teil der notwendigen Neuaufnahmen kurzfristig vornahm. Wichtige Hinweise bei der Vorbereitung des Buches gab Herr Dr. theol. habil. Karl-Hermann Kandler in Freiberg. An den präliminaren Untersuchungen beteiligte sich auch Herr Dipl.-Phil. Günter Gerstmann, Jena. Die Herausgeber danken dem Lektor, Herrn Dr. Harald Schreiber im Union Verlag Berlin, sowie dem Gestalter des Buches, Herrn Matthias Gubig, Berlin.

ISBN 3-372-00086-2

2. Auflage · 1989

Lizenz-Nr. 395/3967/89
LSV 6320
Printed in the German Democratic Republic
Lichtsatz: INTERDRUCK Graphischer Großbetrieb Leipzig – III/18/97
Reproduktion und Druck: Graphischer Betrieb Jütte Leipzig
Betrieb der ausgezeichneten Qualitätsarbeit
Buchbinderische Verarbeitung: Kunst- und Verlagsbuchbinderei, Leipzig
Buchgestaltung: Matthias Gubig
Redaktionsschluß: 12. 11. 1986
700 176 4
08800